ENSEIGNEMENT PAR LES PROJECTIONS LUMINEUSES

DEUX CONFÉRENCES

SUR

LES AÉROSTATS

ET

LA NAVIGATION AÉRIENNE

PAR

Gaston TISSANDIER

1° La Météorologie en ballon
Conférence faite au Congrès scientifique de Lille, le 21 août 1874

2° La Direction des Aérostats
Expérience faite à la Sorbonne, le 2 mai 1883

SUIVIES DU CATALOGUE DES PROJECTIONS RELATIVES AUX AÉROSTATS

A. MOLTENI
44, RUE DU CHATEAU D'EAU, 44
PARIS

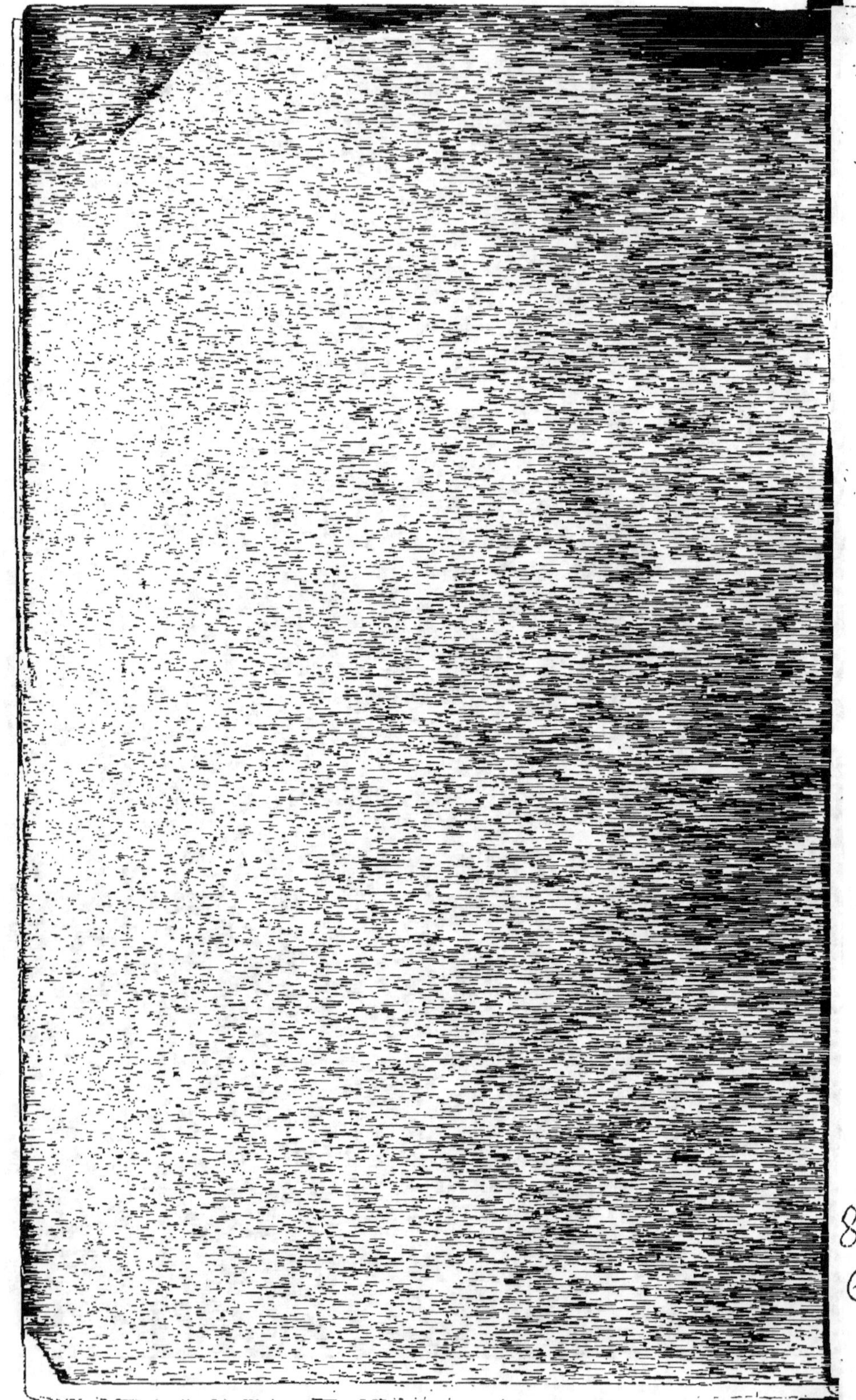

DEUX CONFÉRENCES

SUR

LES AÉROSTATS

ET LA

NAVIGATION AÉRIENNE

SPÉCIMEN DES PROJECTIONS DE TABLEAUX AÉROSTATIQUES DE M. MOLTENI.

(Tableau n° 309 du Catalogue), — Descente accidentée de MM. Tissandier frères, à Montireau (Eure), le 16 février 1873.

DEUX CONFÉRENCES

SUR

LES AÉROSTATS

ET

LA NAVIGATION AÉRIENNE

PAR

Gaston TISSANDIER

1º La Météorologie en ballon

Conférence faite au Congrès scientifique de Lille, le 21 août 1874

2º La Direction des Aérostats

Conférence faite à la Sorbonne, le 3 mai 1883

SUIVIES DU CATALOGUE DES PROJECTIONS RELATIVES AUX AÉROSTATS

A. MOLTENI

44, RUE DU CHATEAU-D'EAU, 44

PARIS

A mon Frère

A mon Compagnon de voyage

A mon Collaborateur

ALBERT TISSANDIER

G. T.

Paris, 24 Mars 1884.

AVERTISSEMENT

Parmi les nombreuses conférences que j'ai faites à Paris, à Versailles, à Lille, au Havre, à Tours, à Chartres, à Évreux, à Arras, à Saint-Pierre-lès-Calais et dans plusieurs autres localités, celles qui avaient pour sujet les questions aérostatiques, voyages aériens, observations météorologiques en ballon, navigation aérienne, ont toujours été accueillies par mes nombreux auditeurs avec une sympathie toute particulière. Parmi ceux-ci, il en est qui m'ont demandé de réunir ces conférences en un volume qui servirait de type à ceux qui s'exercent à parler en public. Malheureusement, la plupart de mes entretiens sur les ascensions aérostatiques ont été en quelque sorte improvisés, et prononcés suivant les circonstances du moment.

J'ai publié toutefois deux conférences sur les aérostats, je les ai réunies dans ce recueil, en les tenant au courant des faits nouveaux et en les faisant suivre de la liste de toutes les projections lumineuses qui ont été exécutées avec grand soin par M. Molteni, d'après les documents que je lui ai communiqués.

Ces tableaux forment toute une collection de curiosités aérostatiques ; ils comprennent d'abord la reproduction des gravures anciennes qui servent à l'*Histoire des Ballons ;* ils se groupent ensuite successivement dans les séries suivantes : *Matériel aérostatique. — Observations météorologiques en ballon. — Épisodes divers, descentes accidentées. — Accidents et catastrophes. — Aérostats captifs. — Les ballons du siège de Paris et la poste aérienne. — Expériences d'aérostats dirigeables.*

Les tableaux sont numérotés par séries de 1 à 100, de 200 à 300, etc.; on a laissé des numéros disponibles entre chaque série, afin de pouvoir y intercaler dans la suite des projections complémentaires.

Dans les deux conférences reproduites ci-contre, les numéros indiqués dans le texte, reportent aux numéros des tableaux du catalogue.

Les projections peuvent être faites soit pen - dant la durée de la conférence, soit à la fin de l'entretien, en les accompagnant toujours des explications nécessaires.

Nous espérons que la présente brochure rendra quelques services aux instituteurs, aux conféren - ciers, aux amateurs même, qui voudraient s'exer- cer à faire des projections lumineuses dans des réunions intimes. Nous serons heureux, pour notre part, d'avoir contribué encore une fois, à faciliter l'enseignement, et à faire mieux con- naître cette belle et féconde question de la navi- gation aérienne.

G. T.

———

LA MÉTÉOROLOGIE

EN BALLON

Lorsque les ballons firent leur apparition dans le domaine de la science en 1783, il y eut de toutes parts un élan d'admiration et d'enthousiasme indescriptible; la découverte des frères Montgolfier captiva l'admiration du monde.

Jamais triomphe du génie de l'homme ne s'était manifesté comme si extraordinaire, jamais victoire de la physique n'avait paru si éclatante. Il semblait que l'homme, après avoir pris possession de ces provinces aériennes jusque-là inaccessibles, allait s'emparer des célestes domaines.

Mais après la frénésie de l'enthousiasme, on vit naître bientôt l'indifférence et le découragement. Il arrive souvent, en effet, qu'un sentiment passionné cède la place, dans l'esprit essentiellement mobile de la foule, à un autre sentiment qui lui succède en sens inverse, comme s'il y avait aussi dans le monde moral un principe de l'action et de la réaction.

On se lassa de voir les ballons, qui semblaient devoir si vite modifier la face du monde, rester bouées aériennes qu'entraînent à leur gré les caprices de l'air : on les oublia, on les dédaigna ; ils tombèrent entre les mains des coureurs de fêtes publiques.

Ainsi l'histoire de l'aéronautique a eu son heure de décadence ; mais elle devait bientôt compter l'époque de sa renaissance. L'art sublime de Montgolfier revit aujourd'hui avec vigueur, et si la gloire de ses débuts ne suffisait pas à l'immortaliser, les services incomparables qu'il a rendus à la patrie lors de nos désastres, lui assureraient un souvenir ineffaçable dans notre mémoire. Nos petits-fils, en lisant un jour le récit du siège de Paris, rendront certainement hommage au rôle que les ballons ont joué pendant la guerre. Ils se diront avec raison que, si jadis la ville de Syracuse a donné l'expression de son génie par l'héroïque défense qu'avait inspirée la science d'un Archimède, la ville de Paris a droit aussi à l'admiration, par les ressources qu'elle a puisées dans la science en général et l'aérostation en particulier, pour prolonger sa résistance.

Ce n'est pas sous ce rapport que nous allons examiner les ballons aujourd'hui. Nous ne sommes réunis ici que pour nous mouvoir dans le champ de la science. Envisageons donc les aérostats au point de vue de l'investigation de la nature, de la conquête de l'océan aérien qui, plus rebelle que la mer, a résisté jusqu'à ce jour aux efforts du génie scientifique.

Le globe terrestre peut être considéré comme entouré de deux océans concentriques : l'un liquide, qui couvre les trois quarts de sa surface, c'est la mer ; l'autre gazeux, qui l'enveloppe complètement, c'est l'atmosphère.

Tandis que la science de la mer est créée, la science de l'air est encore à faire. La météorologie est à l'état d'enfance, elle ne fait que balbutier ses premiers mots ; elle n'entrevoit que vaguement jusqu'ici les lois qui dirigent les courants atmosphériques. Cela tient à ce que l'observateur terrestre ne peut apprécier que les vents superficiels ; plongé dans les bas-fonds de l'océan atmosphérique, il ignore ce qui se passe dans les hautes régions de l'air. La météorologie est une science de faits et d'observation ; pour lui apporter les faits, il faut aller les chercher ; pour bien connaître ces fleuves de l'air, il faut se baigner dans leurs cours, il faut y monter, de même que pour étudier les fleuves de la mer il a fallu y naviguer. Si l'explorateur veut accomplir ce voyage d'oiseau, le ballon seul jusqu'ici s'offre à ses efforts.

Je vais vous montrer que l'aéronaute est dans les meilleurs conditions d'étude des mouvements de l'air, en ce qui concerne surtout leur alternance à différents niveaux.

Déjà, en 1786, le docteur Potain, parti en ballon d'Irlande, emporté par les courants supérieurs sur le canal Saint-George, avait su profiter habilement de la direction opposée des vents inférieurs pour revenir sur le rivage.

J'ai eu personnellement l'occasion de bien mettre en évidence l'existence fréquente de ces curieux fleuves aériens superposés, et de faire valoir les ressources qu'ils sont susceptibles de fournir à l'aéronautique. Dans les vingt-cinq ascensions que j'ai exécutées, je me suis toujours attaché à ces observations ; permettez-moi de vous rapporter celles qui me paraissent les plus dignes de votre attention.

Le 15 août 1868, M. Duruof et moi, nous nous élevions en ballon de la place de Calais (n° 300), malgré le dangereux voisinage de la mer (1). Nous montons d'un trait jusqu'à 1,200 mètres d'altitude ; nous traversons une mince couche de nuages et nous planons bientôt à 1,800 mètres d'altitude.

---

(1) Plus tard l'aéronaute Duruof devait exécuter ce dramatique voyage dont toute la presse s'est occupée. Parti de Calais le 31 août 1874, à sept heures trente minutes du soir, accompagné de sa jeune femme, Duruof, a été entraîné par des courants du sud-ouest vers la mer du Nord. Pendant quatre jours, tout le monde le croyait perdu ; enfin on a appris, non sans une vive joie, non sans une réelle émotion, que les voyageurs avaient été sauvés miraculeusement par un bateau anglais qui a pu les transporter en Angleterre. N'est-ce pas le cas de répéter ici : *Audaces fortuna juvat !*

A travers les intervalles qui séparent les nuages entre eux, nous apercevons dans les bas-fonds la petite ville de Calais, le rivage, les côtes; mais nous voyons aussi qu'un courant rapide nous a saisis et nous entraîne loin du port, au centre même de la mer du Nord.

Voilà bientôt l'immense étendue des flots qui s'étend sous notre nacelle. La foule s'est pendant ce temps amoncelée sur la jetée du port, elle suit avec anxiété la marche de notre ballon, et le voit diminuer à vue d'œil, jusqu'au moment où il va se perdre dans l'horizon de la mer. Nous avons su plus tard que de vieux marins, en nous regardant à travers leurs lunettes, s'étaient écriés d'une voix émue : « Ils sont perdus ! »

Nous l'étions, en effet, sans l'alternance des courants aériens superposés. Après avoir laissé flotter notre aérostat à 1,800 mètres de haut jusqu'à 28 kilomètres environ en pleine mer, Duruof laisse le ballon descendre à des niveaux inférieurs. Nous traversons de haut en bas la couche de nuages que nous avions gravie de bas en haut ; nous nous rapprochons de la surface de la mer, décidés à y laisser flotter notre esquif dans l'espoir d'être sauvés par un navire. Mais tandis que le vent supérieur se dirigeait vers le nord-est, le courant atmosphérique inférieur marchait vers le sud-ouest. Nous revenons littéralement sur nos pas, et la ville de Calais grossit à vue d'œil, comme l'image de ces projections fantasmagoriques qui semblent se précipiter vers les spectateurs. Le vent soufflait avec rapidité, c'était la vraie « bonne brise » des marins ; il nous ramène au-dessus de Calais, où nous entendons avec une légitime émotion les acclamations de la foule (nᵒˢ 213 et 301).

Enthousiasmés de ce succès, nous ne descendons pas encore, nous jetons du lest et bientôt nous remontons dans le courant supérieur ; nous revoyons les flots de la mer au-dessus desquels nous comtemplons, muets d'admiration, le sublime spectacle du coucher du soleil. Après cette deuxième excursion en mer, le vent superficiel où nous redescendons nous lance à la pointe même du cap Gris-Nez ; nous y atterrissons enfin, à quelques centaines de mètres du lieu où, moins heureux que nous, l'infortuné Pilâtre de Rozier avait trouvé la mort en 1785 (nᵒ 302).

La carte et le diagramme que je vous ai montrés tout à l'heure, vous ont bien fait comprendre cette curieuse alternative des courants aériens superposés. Il m'a été donné de constater encore d'autres faits semblables, qui sont beaucoup plus fréquents qu'on ne le suppose généralement.

Le 6 novembre 1870, au moment où Paris était assiégé, mon frère Albert Tissandier et moi, nous avons exécuté deux ascensions, dans le but de tenter

un retour dans la capitale investie. Malheureusement, le vent d'abord favorable a tourné brusque-
ment dans une direction opposée à notre but ; mais
ceci n'a rien qui doive actuellement fixer notre
attention.

Le seul fait qui se rapporte à notre sujet, est celui
de notre descente à quelques lieues de Rouen : à
300 mètres de haut, notre ballon fuyait dans la direction du sud-est, et les paysans couraient après le
globe aérien. En se rapprochant de terre, l'aérostat
se met à rétrograder et à s'avancer de lui-même
jusque dans les bras de ceux qui tout à l'heure ne
pouvaient pas l'atteindre. Plus récemment, M. Bunelle a fait aux environs d'Odessa, sur la mer Noire,
un voyage analogue à celui que nous avons exécuté
près de Calais, sur la mer du Nord ; les vents supérieurs l'ont jeté avec son ballon au-dessus des flots,
les vents inférieurs l'ont lancé en sens inverse vers
le rivage. M. Lhoste enfin, à force de persévérance
et de courage, a réussi à opérer pour la première
fois, en 1883, la traversée aérienne du Pas de Calais, de France en Angleterre, en utilisant habilement les déviations des courants à différentes altitudes.

Vous voyez, messieurs, que l'observation des courants atmosphériques offre un grand intérêt météo-
rologique, mais les ascensions dont je viens de vous
présenter le récit succinct, ont encore une impor-

tance particulière au point de vue de l'aéronautique. Il résulte en effet de ces voyages aériens que bien souvent le navigateur de l'air peut, en quelque sorte, se diriger dans l'espace, quand les circonstances atmosphériques sont favorables, et lorsqu'il sait, comme l'oiseau qui plane, chercher à différents niveaux le courant aérien qui lui est favorable. La traversée du Pas de Calais par M. Lhoste en est un exemple.

Remarquez en outre que les voyages aériens sont peu fréquents, que les aéronautes sont rares, et vous conviendrez que si les ascensions étaient multipliées et que si les marins de l'air étaient nombreux, c'est pour ainsi dire tous les jours que les faits s'accumuleraient pour fournir des documents précieux à la science.

Si l'alternance des courants ne peut être bien étudiée qu'à l'aide des ballons, il en est de même pour ce qui concerne leur température, leur état hygrométrique et leur vitesse. L'observateur terrestre, comme nous l'avons déjà dit, ne peut apprécier ces éléments importants que pour les vents superficiels, accidentels, locaux, et qui ne constituent pas toujours les vrais fleuves aériens, roulant leur masse au-dessus des nuages.

Bien des surprises attendent encore à ce sujet le physicien qui s'élève dans l'air; je ne vous parlerai que de ce qui concerne la vitesse des vents supérieurs. Les voyages en ballon permettent de l'apprécier d'une façon certaine, connaissant la valeur de l'espace parcouru et le temps qu'on a employé à le parcourir. Souvent une légère brise souffle à terre, mais dans des régions élevées, l'atmosphère est calme, immobile comme l'eau d'un lac ; c'est pour l'océan aérien ce qu'est la « mer d'huile » de la Méditerranée. Le 11 avril 1869, M. de Fonvielle et moi nous avons constaté un de ces curieux états de l'air ; le ballon *l'Union*, parti à 11 heures 35 de l'usine à gaz de la Villette, s'éleva verticalement et, arrivé à 2,000 mètres d'altitude, il resta en place, dans un état de fixité tellement absolu qu'on le considéra comme un ballon captif. A midi, notre nacelle était exactement au-dessus des gazomètres de l'usine, à 2 heures, ces mêmes gazomètres apparaissaient encore au-dessous de notre ballon Tout ce que nous pûmes faire, ce fut d'atterrir au milieu du cimetière de Clichy, seul emplacement libre de chemins de fer ou de maisons, que l'on peut considérer comme les récits du navigateur aérien. Nous mettions pied à terre, après avoir parcouru en deux heures et demie l'espace de quelques centaines de mètres. Comme le lièvre de la Fontaine nous eussions perdu la course, si nous avions hasardé une gageure avec la tortue.

Une autre fois, le 7 février 1869, nous fûmes entraînés, à 1,100 mètres de haut, par un courant aérien d'une violence extraordinaire ; parti du même lieu de départ, nous rencontrâmes au-dessus des nuages un fleuve aérien brûlant ; notre thermomètre y marquait 27 degrés centésimaux au-dessus de zéro, tandis qu'une température beaucoup plus basse régnait à terre ; il nous emporta dans son cours avec une vitesse effroyable dont rien ne pouvait nous faire supposer l'intensité, car des nuages sombres nous masquaient la vue du sol.

Après un voyage de trente-cinq minutes, montre en main, nous dûmes faire revenir à terre notre ballon. Nous étions à 90 kilomètres de Paris, à Neuilly-Saint-Front, au delà de Château-Thierry. Le vent supérieur s'était mis à souffler à terre pendant notre voyage ; aussi à l'atterrissage, nous fûmes enlevés par une force invincible, jetés sur les bois de Neuilly-Saint-Front, où notre nacelle se heurtait de cime en cime ; notre ancre, solide cependant, fut brisée comme une tige de verre, et un traînage vraiment terrible nous fit parcourir en quelques minutes un espace de trois kilomètres (n° 310). Ce vent, d'une violence exceptionelle, était le terrible sud-ouest des marins ; il a régné d'abord ce jour-là dans les hautes régions de l'air avant de se manifester à la surface du sol.

Comme exemple d'observation due aux aérostats de courants aériens rapides, je vous citerai un des plus remarquables voyages aériens connus jusqu'à

ce jour. C'est celui de M. Rolier, qui a été entrepris
pendant le siège de Paris.

Le 24 novembre 1870, M. Rolier, accompagné
d'un franc-tireur, s'élevait de la gare du Nord, à
minuit, par un vent assez violent et par un ciel
sombre. Les voyageurs allaient être entraînés à l'altitude de 2,000 mètres par un fleuve aérien d'une
vitesse peu commune. Leur ballon allait en effet
traverser en quinze heures de temps, le nord de la
France, la Belgique, la Hollande, la mer du Nord
et une partie de la Norwège, pour aller échouer au
mont Lid, à 300 kilomètres au nord de Christiana.

Je ne vous décrirai pas toutes les péripéties curieuses de cette ascension, digne d'un Edgard Poë
ou d'un Jules Verne. Je me contenterai de vous
dire que les aéronautes, après avoir passé la nuit
au milieu des ténèbres, virent les vapeurs atmosphériques qui les enveloppaient, se dissiper à l'heure
du lever du soleil!

Quelle n'est pas leur stupéfaction, leur angoisse,
quand ils s'aperçoivent que les vents les ont lancés
à la surface de la mer. Ils n'ont pu se rendre
compte ni de la vitesse de leur marché, ni de la direction qu'ils ont suivie; tout ce qu'ils savent, c'est
qu'un océan agite ses flots sous leur nacelle, et
qu'ils marchent sans doute vers le plus effroyable
des naufrages. — Pendant sept heures consécutives, ils planent ainsi au-dessus des vagues en

mouvement ; quelquefois ils aperçoivent des navires qui leur apparaissent d'abord comme l'espoir
du salut. Espérances vite déçues! ces vaisseaux ne
sauraient venir en aide à l'esquif aérien qu'entraînent toujours les courants atmosphériques.

Après plusieurs heures de voyage. M. Rolier a
sacrifié tout le lest qui jusque-là soutenait dans
l'espace l'aérostat auquel étaient attachées sa vie
et sa fortune. Des nuées épaisses l'entourent bientôt et accélèrent la descente du navire aérien, que
la pesanteur ramène fatalement vers les niveaux
inférieurs. Son compagnon et lui se préparent à
affronter la plus cruelle et la plus glorieuse des
morts. Le ballon descend avec rapidité, il s'échappe
du massif de vapeur où il était plongé... O miracle ! ce n'est pas la mer qui s'ouvre aux regards
des voyageurs, c'est une montagne couverte de
neige; autour de laquelle une forêt de pins dresse
les cimes de ses arbres.

L'aérostat est violemment jeté dans un champ
de neige ; les deux Français sautent en même temps
de leur esquif, et le ballon allégé de leur poids,
disparaît seul dans la nue (1). — Ils se trouvent
ainsi sans vivres, sans couvertures, dans un pays
inconnu, où nuls vestiges d'habitations humaines
ne s'offrent aux regards. Auraient-ils échappé au

(1) L'aérostat de M. Rolier a été retrouvé plus tard, avec
toutes les dépêches de Paris, à quarante lieues du mont Lid.

naufrage océanique pour avoir à braver le trépas qui attend l'explorateur au milieu de pays déserts et glacés?

Les aéronautes descendent la montagne escarpée, traversent la forêt qui l'environne et rencontrent une cabane abandonnée où ils passent la nuit. Le lendemain, après de nouveaux voyages, ils aperçoivent un bûcheron, qui parle une langue inconnue ; mais ils sont conduits dans un village, où un paysan qui sait le français leur explique le mot de l'énigme. Ils apprennent enfin où le vent les a jetés.

Je regrette de ne pouvoir m'arrêter plus longtemps sur un drame si émouvant dont M. Rolier a bien voulu me faire lui-même le récit. Je ne puis cependant me dispenser de vous faire connaître le magnifique et touchant accueil que les Norwégiens réservèrent aux vogageurs du siège de Paris. Quand les aéronautes arrivèrent à Christiana, la ville entière fut soulevée par l'enthousiasme. C'étaient des dîners, des fêtes, des ovations sans cesse renouvelés. Le soir, quand ils rentraient chez eux, les deux Français voyaient défiler sous leurs fenêtres des bandes d'étudiants qui chantaient des airs nationaux. Le matin c'étaient des jeunes filles qui venaient, au nom de la ville, leur offrir des bouquets tricolores. Un jour, des femmes du peuple se présentèrent devant eux, tenant leurs enfants par la main : « Bénissez ces enfants, disaient-elles, pour que plus tard ils soient braves comme vous ! » Partout où passaient les aéronautes la foule les acclamait, et de toutes parts ils entendaient les cris de : « Vive Paris ! vive la belle France ! »

En songeant à ce voyage de M. Rolier, ce cri de : « Vive la belle France ! » lancé au delà des mers, par des populations sympathiques, m'est souvent revenu à la pensée. N'y a-t-il pas dans cette exclamation quelque chose de vraiment touchant, et ne doit-elle pas soulever mille échos dans nos cœurs ? Quelle consolation dans le malheur de sentir qu'il y a encore quelques coins dans le monde où l'on peut compter sur des vœux sincères et désintéressés ! Répondons, messieurs, à ces peuples amis : « Vive la loyale et l'honnête Norwège ! » comme nous dirons aussi : « Vivent les nations qui n'ont pas craint de tendre la main à la France terrassée ! »

Pardonnez-moi de m'être laissé entraîner hors de notre sujet, mais je vais y rentrer pour n'en plus sortir.

Si les ballons, comme vous le voyez, offrent de précieuses ressources à l'étude des courants aériens, ils ne sont pas moins utiles en ce qui concerne les températures de l'atmosphère, les expériences hygrométriques, les investigations relatives à l'électricité, au magnétisme, en ce qui regarde enfin l'observation des nuages; de ces massifs de vapeur qui fertilisent nos campagnes en apportant dans leur sein l'eau de l'Océan, distillée par le soleil. Ces nuages entraînés par les courants atmos-phériques, nous donnent la pluie féconde ; et ils nous fournissent encore la chaleur des tropiques, qu'ils emmagasinent pendant leur formation et qu'ils distribuent dans les régions du Nord, lors-qu'ils reprennent l'état liquide.

Rien n'est plus imposant que le tableau des nuages, contemplé du haut des airs dans la nacelle aérienne. Ah! messieurs! quelle impression déli-cieuse que de se sentir mollement soulevé de terre, suspendu au-dessous de la sphère de gaz qui s'élève avec lenteur et non sans majesté, comme ces brumes du matin que paraissent aspirer les rayons du soleil ?

Quel charme dans le tableau de l'horizon qui s'é-largit, des bruits humains qui se dissipent, de la terre qui s'éloigne et qui ne se laisse plus entre-voir que comme les bas-fonds du vaste océan aé-rien ! On monte au milieu de ces nuages diaphanes, qui vous enveloppent d'un brouillard opalin jus-qu'au moment où l'on s'échappe de leur surface supérieure, pour voir apparaître le ciel où règnent les feux d'un soleil ardent. On contemple alors un plateau circulaire de nuages arrondis qui, dans ces régions élevées, prennent un aspect tout nouveau.

Ils acquièrent du relief, de la consistance; on dirait des mamelons solides de glaciers fantastiques, où le soleil dessine par des ombres vigoureuses des vallées d'argent, comme dans les pays enchanteurs des *Mille et une Nuits*. Le ballon, entraîné par les courants aériens, paraît immobile dans de monde du calme, du silence et de la contemplation. Je plaindrais celui dont l'âme ne serait pas embrasée au foyer de cette sublime poésie des spectacles naturels.

Tantôt les nuages forment une nappe immense, un écran opaque qui cache entièrement la vue de la terre, tantôt ils se suivent isolés, comme des géants aux formes capricieuses (n° 202). Alors on aperçoit le sol à travers les intervalles qui les séparent : les villes, les campagnes et les bois se succèdent, réduits à des dimensions lilliputiennes... Veut-on s'élever plus haut dans les régions de l'air, une poignée de sable suffit pour augmenter de quelques centaines de mètres la distance qui nous sépare des humains. Veut-on descendre, quelques mètres cubes de gaz, perdus par la soupape, nous ramènent vers la surface terrestre.

Quand on passe près des blancs cumulus, leur masse opaque forme écran, et l'ombre du ballon s'y projette; elle s'entoure parfois de cercles irisés aux sept couleurs de l'arc-en-ciel, et produit alors un spectacle saisissant. On dirait un second ballon qui vous suit; rien n'est plus curieux que de voir sur les nuages son image se mouvoir comme dans les ombres chinoises. Ces auréoles lumineuses entourent parfois l'ombre tout entière du ballon ; quelquefois elles n'en ceignent qu'une partie, quelquefois enfin, comme nous l'avons observé, trois arcs-en-ciel concentriques enferment l'image du ballon dans un triple cadre circulaire aux couleurs pures et légères. Les tableaux que je fais passer sous vos yeux et qui sont dessinés très fidèlement par M. Albert Tissandier, vous en montrent les curieux aspects (n°s 209, 210 et 214).

Les nuages où le ballon peut se plonger sont de nature très diverses ; quelquefois ils sont si obscurs et si denses que l'aérostat disparaît entièrement comme dans un bain de vapeur ; il m'est arrivé, même en août 1868, de perdre de vue mes compagnons aériens. Parfois les nuages, au contraire, sont opalins et presque lumineux. Le 16 février 1873, nous avons eu la bonne fortune de rencontrer, mon frère et moi, un nuage à glace semblable à celui que M. Barral avait traversé jadis, et au sujet duquel on avait, bien à tort, émis quelques doutes. Le ballon planait à 1,800 mètres sous un ciel ardent, le thermomètre marquait 18 degrés centésimaux. En revenant vers la terre, nous arrivons dans un nuage où nous sommes saisis par un froid violent, comme à l'entrée d'une

cave en été. Le thermomètre, en effet, descend subitement à 4 degrés au-dessous de zéro. Quelle
n'est pas notre surprise en voyant des paillettes de
glace qui voltigent autour de nous comme des
fines lamelles de mica ! Nos cordages, nos vête-
ments, nos barbes se hérissent immédiatement de
végétations glacées. Un fil de cuivre que nous
avions laissé pendre de la nacelle devient blanc
sous une couche de givre, et donne des étincelles
quand nous y approchons le doigt (n° 212). Malheureusement la traversée de ce nuage se fait avec
une rapidité effroyable, le ballon se refroidit brus-
quement, se charge de givre qui l'alourdit ; malgré
le lest jeté, il se précipite à terre avec une violence effroyable et nous fait subir un choc si
brusque, si inattendu, qu'un de nos compagnons
lâche prise et est lancé dans un champ, où il at-
territ, bien malgré lui. Grâce au ciel, cette mésa-
venture n'eut pas de suite dramatique (n° 309).

Je ne vous ai parlé jusqu'ici que des voyages
aériens exécutés dans les régions moyennement
élevées, c'est-à-dire de la surface de la terre à une
hauteur de 5,000 mètres. Si de semblables explora-
tions peuvent être fécondes et apporter à la météorologie des documents nombreux et importants,
les voyages accomplis au delà, dans les hautes régions de l'atmosphère, offrent aussi un intérêt
particulier.

C'est la France qui a créé l'aérostation, c'est la France qui a donné au monde les Montgolfier, les Charles et les Pilâtre. Ce sont des savants français qui ont ouvert la voie de l'exploration des hautes régions de l'air, à l'histoire de laquelle resteront attachés les noms de Gay-Lussac et des Biot, des Barral et des Bixio. Je ne vous parlerai pas de ces ascensions aujourd'hui bien connues, je me contenterai de vous rappeler que, depuis Gay-Lussac, un savant anglais, M. Glaisher, a exécuté trente remarquables voyages aériens, où il a pénétré dans les plus hautes régions que l'homme ait jamais atteintes. Dans sa mémorable ascension de Wolverhampton, le 5 septembre 1852, M. Glaisher a dépassé l'altitude de 8,000 mètres. Il était accompagné de l'aéronaute Coxwell, et c'est par miracle que ces hardis explorateurs furent sauvés de la mort, au milieu de ces régions où l'air est si raréfié, et où le froid se mesurait par 20 degrés au-dessous de zéro. M. Glaisher s'évanouit, M. Coxwell ne perdit pas tout à fait connaissance, mais quand il voulut monter dans le cercle pour ouvrir la soupape, il fut subitement engourdi et ses mains devinrent noires comme celles d'un cholérique ; il perdit momentanément l'usage du mouvement de ses bras, et c'est, dit-il, avec ses dents qu'il tira la corde de la soupape pour revenir à des niveaux inférieurs.

2.

Crocé-Spinelli, Sivel et moi, après l'ascension de longue durée de l'aérostat le *Zénith*, qui nous permit de séjourner plus de 23 heures consécutives dans l'atmosphère, nous avions résolu de marcher sur les traces de nos devanciers, et de sonder aussi les profondeurs inconnues de l'atmosphère. L'expédition eut lieu sous les auspices de la *Société de Navi- tion aérienne*, le 15 août 1875. Nous avions emporté, dans la nacelle du *Zénith*, des ballonnets à gaz oxygène, qui, d'après les remarquables études de M. Paul Bert, devaient nous permettre de résister à l'influence de la dépression atmosphérique. Mais, hélas ! nous avions compté sur un ennemi qui se fait voir pour le combattre, et nous ne pouvions nous douter que l'action du vide des hautes régions se traduit par une sorte de paralysie inconsciente, qui devait nous ôter la force même de porter à notre bouche les appareils respiratoires.

C'est à l'altitude de 8,000 mètres au-dessus du niveau de la mer, que je me sentis tout à coup inerte et comme anéanti. Je regardais l'aiguille du baromètre anéroïde, et je la voyais passer au point que nous voulions atteindre. Je veux m'écrier : « Nous sommes à 8,000 mètres, » mais ma langue est paralysée, et tout à coup, je tombe comme mort au fond de la nacelle, à côté de mes amis, également ment affaissés.

Pendant près de deux heures le *Zénith* va s'élever

encore, dépasser une altitude de 8,600 mètres comme ont pu l'indiquer plus tard les baromètres témoins, et continuer à parcourir ces déserts glacés, solitudes immenses et mystérieuses où nul être vivant ne pénètre jamais.

Tout à l'heure le *Zénith* peu à peu rappelé par la pesanteur, va revenir de lui-même, dans des régions moins dangereuses. Mais, à 7,000 mètres d'altitude, sur les trois voyageurs, il n'y en aura qu'un seul à se réveiller, un seul pour soulever la tête de ses amis que la mort a frappés, pour leur adresser en vain des appels désespérés, pour voir leur face noircie par l'asphyxie, leurs lèvres tuméfiées, et pour ramener au port les cadavres de ces naufragés sublimes qui, pour la première fois, sont morts « en montant ».

Saluons, messieurs, ces nobles héros de l'exploration scientifique. Saluons Crocé-Spinelli et Sivel; saluons ces hommes de vaillance qui, en mourant, ont montré du doigt les périls de la route, afin que l'on sache après eux les prévoir et les éviter.

Cette ascension fatale ne sera pas perdue pour la science, pour la science qui, tout en relevant ses martyrs sur le front desquels elle attache la couronne de l'immortalité, n'en continue pas moins sa marche vers le progrès (n° 308).

Je crois vous avoir suffisamment démontré que, dans l'état actuel de l'aérostation, les ballons, tels qu'ils sont, permettent au savant d'étudier l'océan aérien dans des conditions uniques, et de contribuer puissamment au développement de la science de l'air, comme les navires qui sillonnent nos mers ont fourni les bases de la science de l'Océan. — Voilà pour le présent. — Dans un autre entretien nous irons un peu plus loin, et envisageant l'avenir, c'est-à-dire la direction des ballons, nous démontrerons que quoi qu'en disent quelques esprits peu initiés à l'aérostation, la solution de ce grand problème n'est ni un rêve, ni une utopie.

J'ai terminé, messieurs, un entretien sans doute beaucoup trop long, heureux si j'ai su vous faire partager la foi qui m'anime à l'égard des ressources que les ballons peuvent fournir au génie scientifique.

Non seulement les aérostats nous révèleront les lois de l'atmosphère, mais ils seront, croyez-le bien, les plus sûrs éléments de sa conquête. Enfin, ces précieux instruments de la science sont aussi les admirables auxiliaires de l'art de la guerre, et si la Patrie devait un jour mettre ses armées en mouvement, on verrait encore planer dans le ciel, comme un messager d'expérience, le léger esquif aérien !

LE PROBLÈME

DE LA

DIRECTION DES AÉROSTATS

Il y a un siècle que le génie des frères Montgolfier a doté la science de la découverte des aérostats, et le 5 juin de cette année on s'apprête à cé-
lébrer dignement le centenaire de la mémorable
expérience d'Annonay, où le premier globe aérien
s'éleva dans l'atmosphère. Dans ce long espace de
temps, on a vu naître la pile électrique, la navigation à vapeur, les chemins de fer, la télégraphie
électrique, la photographie, la lumière électrique,
le téléphone; on a vu creuser les isthmes et per-
forer les montagnes; toutes les branches de la
physique ont fait naître des prodiges; et pendant
que les merveilles succédaient aux merveilles, la direction des aérostats, toujours annoncée par des inventeurs, sans cesse attendue par la foule, restait
constamment à l'état de promesse et d'espérance

La solution de ce grand problème, qui passionne à juste titre ceux qui l'étudient, serait-elle chimérique et vaine, comme celle du mouvement perpétuel?

En aucune façon, messieurs, et c'est ce que je vais m'efforcer de vous démontrer aujourd'hui.

Nous allons d'abord résumer l'histoire des tentatives anciennes, afin de profiter de l'enseignement des expériences faites ; nous verrons ensuite les essais qu'il est logique d'entreprendre; nous nous trouverons ainsi conduits à apprécier les résultats qu'on en peut attendre dans le présent, et les conséquences qu'il est permis d'en espérer dans l'avenir.

Aussitôt que les frère Montgolfier eurent lancé dans l'espace le premier ballon à air chaud, que Pilâtre de Rozier et le marquis d'Arlandes eurent exécuté, à la date du 21 novembre 1783, le premier voyage aérien (n° 2) que Charles et Robert, quelques jours après, le 1er décembre, se furent élevés du jardin des Tuileries dans le premier ballon à gaz hydrogène, on songea à se diriger dans l'atmosphère. Dès 1783, l'année même de la découverte, les projets surgirent, et, en 1784, nous n'allons pas avoir à enregistrer moins de cinq tentatives distinctes.

Blanchard est le premier en date : voici, d'après une ancienne gravure, son fameux *vaisseau volant* (n° 9) (1). C'était un ballon sphérique, à gaz hydrogène, dont l'appendice portait un parachute : on pouvait manœuvrer dans la nacelle deux ailes ou rames et un gouvernail.

L'ascension eut lieu au Champ-de-Mars le 2 mars 1784 ; elle fut signalée par un incident curieux. Un jeune officier de l'école de Brienne, Dupont de Chambont, voulut monter de force dans la nacelle, et ayant tiré son épée, il blessa l'aéronaute à la main. Blanchard dut laisser ses ailes à terre : il n'emporta que son gouvernail et descendit à Billancourt. Il raconta qu'il avait opéré des manœuvres et qu'il avait réussi à marcher contre le vent (2), mais rien ne justifiait ces affirmations : on se moqua de l'aéronaute, et des dessins satiriques, dont je vous montre un spécimen curieux, furent faits contre lui (n° 23). Blanchard, hâtons-nous de l'ajouter pour sa mémoire, se releva dignement de cet échec, il eut l'honneur de traverser pour la première fois le détroit du Pas de Calais en ballon, et il exécuta de nombreuses ascensions qui font de lui un des premiers aéronautes français.

(1) La conférence que nous reproduisons a été accompagnée de nombreuses projections par M. Molteni.

(2) *Première suite de la description des expériences aérostatiques de MM. de Montgolfier*, par M. Faujas de Saint-Fond. Tome second, 1 vol. in-8°. Paris, 1784. — Compte rendu par M. Blanchard, p. 170.

Le 12 juin de la même année, on vit s'élever, à Dijon, l'appareil dirigeable construit sous les auspices de Guyton de Morveau, par les soins de l'Académie de Dijon (n° 10). Le célèbre physicien avait imaginé de fixer à l'équateur d'un aérostat sphérique un cercle de bois, portant d'une part deux grandes palettes formées de soie tendue sur un cadre rigide, et d'autre part un gouvernail. En outre, deux rames placées entre la *proue* et le *gouvernail* étaient destinées à battre l'air comme les ailes d'un oiseau. Tous ces organes se manœuvraient à l'aide de cordes par les aéronautes dans la nacelle. C'est avec ces moyens d'action que Guyton de Morveau, le Virly et l'abbé Bertrand essayèrent de se diriger dans les airs ; les expériences furent continuées longtemps, avec une grande persévérance, mais sans aucun succès. L'Académie de Dijon, on doit le reconnaître, ne recula, pour les mener à bonne fin, devant aucune dépense (1).

Pendant que ces essais s'exécutaient à Dijon, on ne parlait à Paris que de la montgolfière dirigeable de deux physiciens, l'abbé Miolan et Janinet. Le système consistait en un grand écran en forme de queue de poisson, que les aéronautes devaient

---

(1) *Description de l'aérostate « l'Académie de Dijon »*. A Dijon. 1 vol. in-8° avec planches, 1784.

actionner dans la nacelle, à la façon d'une go-
dille (n° 11).

Les infortunés physiciens essayèrent de gonfler
leur montgolfière le 11 juillet 1784 (1), ils n'y réus-
sirent point; la foule envahit l'enceinte de manœuvre, brisa tout autour d'elle, pendant que le
feu dévorait le globe aérien, dont il ne resta bientôt
plus que des cendres. Miolan et Janinet furent
l'objet d'une raillerie sans pitié, on les ridiculisa
dans les estampes, et je vous montre une vieille
gravure du temps qui représente l'abbé Miolan sous
la forme d'un chat, Janinet sous celle d'un âne,
triomphalement traînés par des baudets et conduits à « l'Académie de Montmartre » (n° 12).

Trois jours après cette malencontreuse aventure,
le 15 juillet 1784, les frères Robert préparaient à
Saint-Cloud, en présence de toute la cour, une très
curieuse ascension, qu'ils exécutèrent avec le concours du duc de Chartres, amateur passionné de
l'aérostation naissante, et qui les accompagna dans
leur voyage. Les frères Robert abandonnaient pour
la première fois la forme sphérique du ballon et
employaient un aérostat cylindrique allongé; la

(1) Dans la plupart des traités d'aérostation, la date de
cette tentative est fixée en juillet 1785, mais les nombreuses
gravures et caricatures que nous avons dans notre collection
portent toutes la date du 11 juillet 1784 ; c'est cette dernière
date que nous croyons exacte.

nacelle, également allongée, comme vous le montre la gravure que je projette sur le tableau (n° 13), était munie de « cinq parasols ou ailes, de taffetas bleu en forme de rames » qui devaient servir de propulseurs. L'ascension s'exécuta très heureusement et la descente eut lieu dans le parc de Meudon, sans que les rames, toutefois, aient exercé la moindre influence sur la marche du ballon.

Pendant que ces événements s'accomplissaient à Paris, les Anglais ne restaient pas inactifs de l'autre côté du détroit. L'aéronaute Lunardi s'élevait, le 14 décembre 1784, dans un aérostat sphérique dont la nacelle était encore munie de deux grandes rames (1) (n° 14).

Je vous ferai grâce du récit d'une multitude d'autres tentatives semblables; je mentionnerai encore le ballon de Testu-Brisy (1785) qui avait pour propulseur deux petites roues analogues à celles de nos bateaux à vapeur, et celui d'Alban et Vallet dont la nacelle portait deux ailes à quatre branches à la façon des moulins à vent. Ce ballon qui fut nommé *le Comte d'Artois* s'éleva dans le courant du mois d'août 1785 (n° 15).

On voit que les tentatives pour la direction ont été nombreuses dans les premières années de la

____

(1) *Histoire et pratique de l'aérostation*, par Tibère Cavallo, 1 vol. in-8°. Paris, 1786, p. 123.

découverte des aérostats ; malgré les études des plus grands esprits, malgré les idées ingénieuses des savants de la valeur des Guyton de Morveau, des Meusnier et des Lalande qui s'occupèrent du grand problème, aucune d'elles, ne réussit ; aucune d'elles ajoutons-le, ne pouvait réussir, en raison de l'insuffisance absolue du moteur humain employé, et de l'imperfection presque naïve des organes de propulsion dont on faisait usage.

Ces échecs successifs lassèrent l'attention du public et des savants ; la mort tragique de Pilâtre de Rozier et Romain, qui, en voulant traverser la Manche dans leur aéro-montgolfière, furent précipités du haut des airs le 15 juin 1785, avait déjà singulièrement détourné les esprits du problème de la direction. L'aérostation s'engagea dans d'autres voies, plus fertiles en résultats ; en 1794, Coutelle créa l'aérostation militaire sous les auspices de Guyton de Morveau et de Jacques Conté, et du haut de son ballon captif, il assista à la victoire de Fleurus. Trois ans après, en 1797, Jacques Garnerin émut le monde entier par les audacieuses expériences qu'il exécuta à l'aide du premier parachute. La question des ballons dirigeables, quand on en parlait, ne soulevait plus d'échos ; l'incrédulité avait succédé à l'excès de foi, et pendant longtemps aucun événement saillant ne souleva plus la curiosité publique.

En 1803, le célèbre physicien-aéronaute, Robertson, à qui l'on doit un fort beau voyage à grande hauteur, le créateur de la fantasmagorie, réussit à ramener les esprits vers la navigation aérienne.

Il publia à cette époque une brochure qui eut un grand succès (1), et dans laquelle il décrit sous le nom de *La Minerve*, un immense ballon de 50 mètres de diamètre, capable d'élever 72,000 kilogrammes et destiné à faire voyager dans tous les pays du monde « 60 personnes instruites choisies par les académies », pour faire des observations scientifiques et des découvertes géographiques.

Je projette sur le tableau le dessin de ce ballon gigantesque (n° 16). Il suffit de le considérer pour voir que Robertson a voulu se jouer de son lecteur, ou plaisanter les inventeurs d'aérostats dirigeables. Nous donnons d'après lui la description suivante de l'appareil :

En haut de la machine est un coq, symbole de la vigilance : « un observateur intérieurement placé à l'œil de ce coq, surveille tout ce qui peut arriver dans l'hémisphère supérieur du ballon; il annonce aussi l'heure à tout l'équipage. »

(1) *La Minerve, vaisseau aérien*, destiné aux découvertes et proposé à toutes les Académies de l'Europe par le physicien Robertson, 2ᵉ édition revue et corrigée. 1 broch. in-8°, avec 1 planche hors texte. Vienne, 1804. Réimprimé à Paris, chez Hoquet, en 1820.

Ce ballon enlève un navire qui réunit, dit l'inventeur, toutes les choses nécessaires. Il y a un grand magasin aux provisions, une cuisine, un laboratoire, une salle de conférences, un salon pour la musique, un atelier pour la menuiserie, enfin au-dessous du navire est « un logement pour quelques dames curieuses ». Ce pavillon, ajoute Robertson, est éloigné du grand corps de logis « dans la crainte de donner des distractions aux savants voyageurs ».

N'avais-je pas raison de vous prévenir que le projet de Robertson, qu'un certain nombre d'historiens ont eu le tort de prendre au sérieux, ne pouvait être accepté que comme une amusante fantaisie.

Après la découverte du parachute, il était naturel que l'on songeât au vol mécanique et à l'emploi des ailes artificielles.

Avec Deghen, en 1812, nous allons voir se développer une nouvelle branche de la navigation aérienne. Deghen avait imaginé de se servir d'un petit ballon, capable de le soutenir tout juste dans l'air, et de se diriger dans un sens ou dans l'autre au moyen de grandes ailes qu'il ferait mouvoir. Il était suspendu à son ballon par une ceinture de cuir qui embrassait aussi les cuisses ; de cette manière, il avait les pieds et les mains libres, et s'en servait pour faire mouvoir les ailes (n°17).

Deghen, d'après l'avis de ceux qui l'ont connu,

était un horloger estimable, instruit et du premier
mérite dans son art; mais l'expérience qu'il exécuta au Champ-de-Mars, le 5 octobre 1812, n'en fut
pas moins tout à fait piteuse. Il ne réussit même
pas à quitter le sol et fut roué de coups par la
foule, qui brisa son appareil. Lui aussi, comme
jadis Janinet, fut véritablement bafoué. Je vous
montre encore la reproduction d'une caricature de
l'époque, que j'extrais, comme les précédentes, de
ma collection aérostatique (n° 18). Elle vous fait
voir le malheureux horloger, impitoyablement
traîné à terre par le public. La gravure est agré-
mentée de cette cruelle légende : « Nouvelle charrue
pour labourer la terre sans chevaux ».

Les mésaventures de Deghen ne découragèrent
point les hommes volants ; mais depuis Dédale et
Icare, toutes les tentatives que l'homme a faites
jusqu'ici pour voler au moyen d'ailes artificielles
en n'ayant recours à d'autre force motrice que
la sienne, ont été ou ridicules ou funestes. Et
comment pourrait-il en être autrement surtout
quand les appareils sont munis d'organes aussi
grossiers, mal façonnés, dont rien n'assure la sta-
bilité dans le milieu atmosphérique. Comment un
homme peut-il avoir la témérité ou la folie de se
détacher de la nacelle d'un ballon, en n'ayant
d'autre soutien dans l'air que des ailes énormes,
sans se demander si ses muscles sont capables de

les faire battre avec la force considérable que né-
cessiterait la station dans l'air du poids de son
corps accru du poids de l'appareil?

Il n'a pas manqué d'hommes volants qui ont
ainsi trouvé la mort en voulant essayer leurs systèmes. Je vous citerai Cocking qui, le 24 juillet 1837,
se détacha du ballon de Green, à 1,800 mètres d'altitude, attaché par un parachute à cône renversé
impuissant à modérer sa chute (n° 19). Cocking
vint se briser contre terre où il fut relevé en lam-
beaux (n° 20).

Le 27 juin 1854, Leturr se tua de la même façon
dans une sorte de parachute muni de deux grandes
ailes et le 9 juillet 1874, de Groof trouva la mort
dans son appareil volant avec lequel il se lança
dans l'espace en quittant le ballon qui l'avait enlevé. Ces deux dernières catastrophes eurent lieu à
Cremorne Garden, à Londres.

A côté des hommes volants, munis d'ailes comme
Deghen, de parachutes comme Cocking, de parachutes ailés comme Leturr, de machines volantes
comme de Groof, nous devons mentionner un système mixte qui a été proposé par plusieurs inventeurs, et dont le projet de Petin, en 1850, peut être
considéré comme le type. Il consistait en aérostats
qui, lorsqu'ils monteraient ou descendraient dans
l'atmosphère, devaient être dirigés sous l'influence
de plans inclinés dans un sens ou dans l'autre.

Petin avait imaginé d'enlever à l'aide de plusieurs ballons une charpente de bois qui formait le pont de son nouveau vaisseau. Au milieu de la charpente, des grandes toiles tendues sur des cadres mobiles pouvaient s'incliner à la façon des volets mobiles d'une persienne (n° 21). Il devait y avoir en outre, dans son navire, des hélices mues par des machines à vapeur (1).

Le projet de Petin, patronné par le Président de la République en 1850, célébré par Théophile Gautier (2), eut un grand retentissement. Mais l'inventeur ne réussit même pas à enlever son appareil, et il mourut misérablement en Amérique.

En outre de tous les systèmes que j'ai énumérés jusqu'ici, il en est une quantité d'autres ; les inventeurs de ballons dirigeables se comptent par milliers, et j'ai dans ma bibliothèque aérostatique plus de trois cents brochures ou mémoires divers qui, la plupart du temps, sont basés sur des idées tout à fait contraires aux lois les plus élémentaires de l'aéronautique et de la physique.

(1) *Nouveau système de direction aérienne.* Rapport de M. Reverchon à l'Académie nationale. — 1 broch. gr. in-8° avec gravure. Imprimerie Simon Dautreville, à Paris.

Notice explicative du système Petin, par Ch. de Chabannes. — 1 broch. in 8° avec planches. Paris, Paul Dupont, 1851.

(2) *Locomotive aérienne système de M. Petin,* par Théophile Gautier. (Extrait de la *Presse* du 4 juillet 1850) tirage à part avec gravure, chez Petin, 36, rue Rambuteau, 1850.

On compte par centaines les projets de ballons à voile ; mais il n'y a pas de vent en ballon, l'aérostat se déplace avec la masse d'air au sein de laquelle il est immergé, et quand il plane horizontalement, la flamme d'une bougie n'y oscillerait pas, de même qu'une voile ne s'y trouverait jamais gonflée. Je vous montre un système de ballon à voile qui vous fera voir que cette idée est bien ancienne, puisque le dessin porte la date de 1783.

Ce projet est dû à un certain Thomas Martyn ; nous ne saurions affirmer que la gravure que nous reproduisons est réellement aussi ancienne que la date du dessin l'indique (n° 22) ; il est même vraisemblable qu'elle a été faite postérieurement à cause de la présence du parachute dont l'usage est nettement indiqué dans la légende.

On ne saurait croire jusqu'où peut aller l'imagination des prétendus inventeurs de navigation aérienne. Quand, mon frère et moi, pendant la guerre de 1870, nous voulions essayer de revenir dans Paris assiégé, à l'aide d'un aérostat qui aurait profité d'un vent favorable, nous vîmes un inventeur qui nous proposa de faire entrer à Paris 100,000 bêtes à corne au moyen de 100,000 montgolfières qui devaient être attachées les unes à la suite des autres. Cet inventeur ne réfléchissait pas que chaque montgolfière devait avoir environ 20 mères de diamètre pour être capable d'enlever un

3.

bœuf, que par conséquent son chapelet de globes aériens n'aurait pas eu moins de 2,000 kilomètres de longueur. Lorsque la première montgolfière eut jeté l'ancre à Paris, les montgolfières de l'autre bout du chapelet auraient pu se trouver au delà de Berlin.

Croirait-on qu'un inventeur, sachant qu'il n'y a pas de vent en ballon et qu'une voile qu'on y rattacherait resterait flasque, a eu l'audace de proposer sérieusement de gonfler cette voile avec une soufflerie qu'il ferait agir dans la nacelle? Un autre inventeur a eu l'idée de construire un ballon aimanté qui, dit-il, « serait toujours attiré vers le pôle nord »; un autre enfin a publié une brochure où il propose de construire un ballon cylindrique en aluminium de 100,000 mètres cubes, dans lequel on enfermerait 5,000 voyageurs. Les voyageurs travailleraient tous, et au moyen de pédales, ils feraient tourner le ballon sur son axe; le ballon muni extérieurement d'une surface spiroïde, avancerait dans l'atmosphère à la façon d'une vis qui pénètre dans du bois!

Nous n'insisterons pas davantage sur ces propositions singulières.

Au point où nous en sommes arrivé de notre succinct résumé historique, il est utile, pour fixer nos appréciations, de classer les différents systèmes que nous avons choisis comme types; nous les diviserons ainsi :

PÉRIODE ANCIENNE

1° *Aérostats à rames, à palettes ou à godilles, mus à bras d'homme ;*

2° *Appareils de vol mécanique,* parachutes, ailes artificielles, appareils volants actionnés à bras d'homme ;

3° *Aérostats munis de plans inclinés,* que l'on pourrait appeler *Ballons aéroplanes* et dans lesquels on utilise la résistance de l'air pendant l'ascension ou la descente ;

4° *Ballons à voiles et systèmes divers.*

L'expérience nous a montré qu'il n'y avait rien à attendre du premier système d'appareil, à cause de l'imperfection du propulseur et de l'insuffisance du moteur humain ; nous rangerons aussi dans cette classe les nombreux projets basés sur les systèmes d'aspiration ou de refoulement d'air par des souffleries, mus à bras.

La deuxième classe d'appareils doit être complètement bannie. S'il s'agit du parachute employé seul, on n'a pas la direction ; quant aux ailes artificielles, la force humaine est tout à fait insuffisante pour les actionner utilement.

Les aérostats munis de plans inclinés, de la troisième classe, ne sauraient aucunement réussir ; quand bien même ils pourraient pratiquement monter et descendre dans une direction ou dans l'autre, ils n'en seraient pas moins entraînés avec la masse d'air en mouvement dans lesquels ils sont immergés.

Quant à la quatrième série d'appareils, il nous a suffi de la mentionner et de la juger, en rappelant qu'elle comprend le ballon-aimanté et le fameux ballon à vis.

Après les appareils précédents que nous trouvons conduits à éliminer à la suite des autres, auxquels allons-nous pouvoir nous adresser ? Si notre classification était complète, il faudrait abandonner, comme insoluble, le problème que nous étudions. Mais il existe encore trois autres systèmes que nous classerons ainsi :

PÉRIODE MODERNE

5° *Utilisation des courants aériens ou direction naturelle;*

6° *Aérostats allongés munis de propulseurs mécaniques;*

7° *Appareils dits plus lourds que l'air.* Hélicoptères, ailes artificielles, aéroplanes, actionnés par des moteurs mécaniques légers.

La direction naturelle par les courants aériens a plusieurs fois été obtenue par les voyageurs aériens; elle a été mise en évidence avec netteté lors du voyage que M. Jules Duruof et moi nous avons exécuté le 16 août 1868 au-dessus de la mer du Nord, dans le voisinage de Calais. A partir de la surface du sol jusqu'à 600 mètres de hauteur, l'air se dirigeait du N.-E. au S.-W. Au-dessus de 600 mètres, régnait un courant aérien dont la direction était inverse, du S.-W. au N.-E. Une couche de nuages séparait les deux courants (n° 213). En faisant monter l'aérostat au-dessus des nuages, ou en le laissant descendre au-dessous, nous pouvions à volonté progresser dans deux directions presque opposées. Il nous a été possible de nous aventurer à deux reprises à 27 kilomètres du rivage, pour revenir en sens inverse sur terre, après deux voyages successifs au-dessus de l'Océan (1). Les courants aériens superposés faisaient en réalité entre eux un certain angle qui aurait pu nous permettre de gagner peu à peu les côtes de l'Angleterre, en tirant des bordées à deux altitudes différentes, comme un bateau à voile (n° 301).

Depuis cette époque, d'autres aéronautes ont opéré avec succès la même manœuvre; M. J. Duruof à Cherbourg, M. Jovis à Nice. M. Bunelle à Odessa, ont réussi à s'avancer au-dessus de la mer dans la nacelle de leur ballon et à revenir à terre sous l'influence d'un courant aérien inverse.

(1) *Histoire de mes ascensions*, par Gaston Tissandier. 1 vol. in-8° illustré. Paris, Maurice Dreyfous.

Ce système tout à fait séduisant par la simplicité des manœuvres qu'il nécessite, offre un grand inconvénient; c'est qu'il dépend des conditions atmosphériques auxquelles on ne saurait commander à son gré. Or les courants superposés ne soufflent pas toujours dans la direction voulue; en outre, ils constituent un état accidentel de l'atmosphère. S'il y a parfois, dans l'atmosphère, des courants superposés, il arrive très fréquemment aussi qu'il n'y en a pas et que l'air se déplace dans le même sens à toutes les altitudes. Lors de l'ascension à grande hauteur du *Zénith*, par exemple, la direction suivie par l'aérostat était à peu de choses près la même, depuis la surface du sol jusqu'à la hauteur de 8,000 mètres. Dans les vingt-six voyages aériens que j'ai exécutés, je n'ai constaté que cinq fois la présence de courants inverses dans l'atmosphère.

L'utilisation des fleuves aériens ne peut donc être mise à profit que dans certains cas particuliers; elle ne permet en outre que la direction dans deux sens déterminés, et non dans tous les sens voulus, comme l'exige la véritable navigation aérienne.

A mesure que nous avançons dans l'examen des différents systèmes, nous voyons en quelque sorte se rétrécir les limites de la solution que nous cherchons, mais nous allons arriver à la préciser et à en indiquer la voie.

En 1851, un jeune homme alors obscur, âgé seulement de 26 ans, prenait un brevet d'invention qui avait pour titre : *Application de la vapeur à la navigation aérienne*. Quand on lit ce brevet où l'auteur décrit magistralement le premier aérostat à vapeur et à hélice, en donnant les calculs mathématiques de sa construction dans son ensemble et dans ses détails, on est frappé de la netteté de vue et de la précision de ce travail.

« Que faire, dit le jeune ingénieur, en parlant par exemple, dans son premier paragraphe, de la forme qu'il faut donner à l'aérostat pour réduire au minimum la résistance du milieu, ou, en d'autres termes, pour faciliter au plus haut point le passage de cette masse à travers l'atmosphère? La réponse se fait naturellement, et d'ailleurs les peuples les plus anciens et les moins civilisés, en construisant leurs flèches ou leurs canots, nous en ont fourni le moyen : il faut donner au volume gazeux le plus grand allongement possible dans le sens de son mouvement, de telle sorte que l'étendue transversale qu'il offre, et de laquelle dépend en grande partie la résistance, soit diminuée dans la même proportion (1) ».

L'inventeur fait remarquer que le cylindre se ter-

(1) *Application de la vapeur à la navigation aérienne*, par Henry Giffard. 1 Broch. in-4° avec planches. Paris, imprimerie de Pollet, 1851.

mine par deux surfaces planes qui n'entameraient pas le milieu et qui se déformeraient; il adopte le volume formé par la révolution d'un arc de cercle autour de sa corde; c'est, en quelque sorte, un cylindre muni de deux pointes dont la jonction se fait progressivement et sans déviation brusque. Mais un aérostat allongé se tiendra-t-il en équilibre dans l'atmosphère? dans quelles conditions agira l'hélice mise en mouvement par une puissante machine à vapeur? L'expérience seule pouvait répondre à ces questions.

Le jeune ingénieur dont je vous parle se nommait Henry Giffard. Il ne tarda pas à avoir recours à l'expérience. Il étudia un moteur très léger, marchant à grande vitesse. Un grand nombre de nos contemporains, parmi lesquels je vous citerai M. de Comberousse et M. Émile Barrault, vous diront qu'ils ont vu alors Henry Giffard exhiber une petite machine à vapeur qu'il avait construite avec M. Flaud, et qui, pesant 45 kilogrammes, avait une force de trois chevaux et faisait 3,000 tours par minute.

En 1852, Henry Giffard, avec le concours de deux de ses amis, ingénieurs de l'École Centrale, MM. David et Sciama, avait construit le premier aérostat à vapeur.

Ce navire avait 44 mètres de longueur et son diamètre, à l'équateur, était de 12 mètres. Il cubait 2,500 mètres. L'aérostat était enveloppé de toutes parts, sauf à sa partie inférieure et aux pointes, d'un filet dont les extrémités se réunissaient à une traverse rigide en bois. A l'extrémité de cette traverse, une voile triangulaire mobile autour d'un axe de rotation servait de gouvernail et de quille (n° 600). A 6 mètres au-dessous de la traverse, la machine à vapeur, montée sur un brancard de bois était suspendue avec ses accessoires (n° 601). Le propulseur, formé de deux grandes palettes planes, avait 3^{m}40 de diamètre et faisait 110 tours à la minute. La machine et la chaudière vides pesaient 150 kilogr. Avec l'eau et le charbon au départ, elles étaient du poids de 210 kilogrammes; les accessoires de la machine et les provisions d'eau et de charbon pesaient en outre 420 kilogr.

Henry Giffard n'avait alors aucune ressource de fortune; il dut s'engager à faire sa première ascension à jour fixe et à l'Hippodrome de Paris. Le 24 septembre 1852, l'aérostat fut rempli de gaz d'éclairage, et Henry Giffard s'éleva seul, au sifflement aigu de sa machine.

Le vent était très fort ce jour-là, et l'inventeur ne pouvait songer à se remorquer contre le courant aérien, mais les différentes manœuvres de mouvements circulaires et de déviation latérale ont été exécutées avec le succès le plus complet. L'action du gouvernail se faisait sentir avec une grande sensibilité, ce qui prouve que le navire aérien avait une vitesse propre très appréciable. A l'altitude de 1,500 mètres, M. Giffard m'a raconté souvent qu'il lui fut possible de résister par moments à l'intensité du vent et de maintenir à l'état d'immobilité ce premier *monitor* de l'air.

Le retour à terre du courageux aéronaute fut accidenté, en raison même de l'emploi de sa machine à vapeur.

« Cependant la nuit approchant, dit Henry Giffard, dans le récit qu'il a publié de son ascension (1), je ne pouvais rester plus longtemps dans l'atmosphère, craignant que l'appareil n'arrivât à terre avec une certaine vitesse, je commençai à étouffer le feu avec du sable ; j'ouvris tous les robinets de la chaudière, la vapeur s'écoula de toutes parts avec un fracas horrible ; j'eus un moment la crainte qu'il ne se produisît quelque phénomène électrique, et pendant quelques instants je fus enveloppé d'un nuage de vapeur qui ne me permettait plus de rien distinguer. J'étais en ce moment à la plus grande élévation que j'aie atteinte ; le baromètre marquait 1,800 mètres ; je m'occupai immédiatement de regagner la terre ; ce que j'effectuai très heureusement dans la commune d'Éancourt, près Trappe. »

(1) Journal *La Presse*, du 26 septembre 1852.

Après cette belle tentative de 1852, Henry Giffard ne pensa qu'à recommencer une nouvelle expérience, dans des conditions plus favorables encore. En 1855, il construisit un nouveau ballon allongé de 3,200 mètres cubes, dans lequel il apporta de nombreuses modifications. Il s'éleva de l'usine de Courcelles, accompagné de M. Yon, et si l'inventeur ne put réussir à la direction absolue, c'est que la vitesse du vent dépassait encore la vitesse propre de l'aérostat; Henry Giffard obtint la déviation latérale du navire aérien et la déviation de la ligne du vent, par les mouvements combinés du gouvernail et de l'hélice.

Henry Giffard eût assurément réussi s'il avait attendu un temps calme pour exécuter ses ascensions. Mais il dut s'engager dans d'autres études; il inventa l'*injecteur Giffard*, qui fit sa gloire et ne tarda pas à faire sa fortune. Une fois riche, Giffard revint à l'aérostation; il voulait achever son œuvre et construire un aérostat dirigeable immense qui aurait pu enlever une machine puissante, qui eût permis de vaincre non plus seulement les vents faibles, mais les courants d'intensité moyenne; il lui fallait pour cela transformer l'aéronautique, trouver des tissus solides et imperméables, imaginer des procédés pour obtenir rapidement de grands volumes de gaz hydrogène. Peu à peu, Giffard, avec le véritable génie de l'invention dont il était doué transforma l'aéronautique. En 1867, lors de l'Exposition universelle de Paris, il présenta au public son premier ballon captif à vapeur (n° 400); il inaugura pour l'étoffe du ballon, le système d'enveloppe formée de tissus superposés, séparés par des couches de caoutchouc, et qui convient admirablement pour les aérostats de grand volume. L'année suivante, en 1868, il construisit à Londres un nouveau ballon captif à vapeur de 12,000 mètres cubes (n° 402); cet aérostat, gonflé d'hydrogène, enlevait 12 voyageurs à 400 mètres d'altitude (n° 403). Enfin, en 1878, Giffard, continuant à se faire la main dans les grandes constructions aériennes, installa dans la cour du Carrousel, à Paris, son immense ballon captif à vapeur, que l'on peut considérer comme une des merveilles de la mécanique moderne.

Cet aérostat constitue la plus grande sphère que l'homme ait jamais faite; son diamètre était de 36 mètres, il avait un volume de 25,000 mètres cubes; son poids total était de 14,000 kilogrammes (n° 410). L'aérostat, amarré à terre, avait 55 mètres de hauteur; il pouvait contenir dans sa nacelle 38 voyageurs qu'il élevait à 500 mètres d'altitude (n° 416). Pour gonfler ce ballon immense, Giffard a construit un grand appareil à gaz à écoulement continu, qui permettait d'obtenir 1,000 mètres cubes d'hydrogène pur en une heure (n° 408).

Le ballon captif a été rempli de gaz en 25 heures de temps; on a dû employer 190,000 kilogr. d'acide sulfurique à 52°, et 80,000 kilogr. de tournure de fer. Le ballon captif était ramené à terre par deux machines à vapeur de 300 chevaux qui étaient des chefs-d'œuvre de mécanique (n° 417). En 1878, ce matériel admirable a fonctionné du 28 juillet au 4 novembre. Il a accompli 1,000 voyages à 500 mètres de haut, et a enlevé dans les airs 35,000 voyageurs (1).

Il semblerait au premier abord que ces détails nous éloignent de la question des aérostats dirigeables; il n'en est rien. Henry Giffard, par ces constructions, avait démontré, expérimentalement, que la confection des aérostats de très grand volume, restant gonflés pendant plusieurs mois, n'était ni un rêve ni une utopie. « Avec le système d'étoffes en caoutchouc, que j'ai adopté, nous a souvent dit notre regretté maître et ami, je puis confectionner des ballons de 50,000 mètres et de 100,000 mètres cubes. »

C'est ce qu'il voulait faire pour l'expérience décisive qu'il ne cessa d'étudier pendant trente ans. Il avait le projet de construire un immense aérostat, par cette raison, que les surfaces ne croissent pas

(1) *Le grand ballon captif à vapeur*, de *M. Henry Giffard*, par Gaston Tissandier, 1 broch. in-8°, avec de nombreuses gravures. 3ᵉ édition. Paris, G. Masson, 1878. Épuisé.

avec les volumes, et que plus un ballon est gros, plus fort il est.

Henry Giffard avait tout étudié, tout préparé; le plan de son navire aérien était prêt, et le million qu'il voulait y consacrer était déposé à l'avance dans quelques-unes des grandes maisons de banque de Paris. Giffard me disait parfois qu'il était tellement sûr de réussir qu'il se promettait, lors de sa première ascension, d'aller déposer une couronne d'immortelles sur la croix qui domine le sommet extrême du Panthéon.

Le grand ingénieur qui n'omettait rien dans ses calculs, oubliait qu'il y a au-dessus de la prévoyance humaine les lois fatales de la destinée; les plus forts doivent s'y soumettre. La maladie est venue vaincre l'inventeur : sa vue s'affaiblit, il lui devint impossible de lire ou d'écrire, et ce travailleur infatigable fut contraint de rester oisif. Il en ressentit une douleur extrême; il y avait un peu de l'athlète dans l'âme de Giffard, et il était inconsolable de se sentir vaincu. Il s'enferma, et lui qui avait tant aimé la lumière, l'indépendance et l'action, il vécut dans l'ombre et la solitude, jusqu'au moment où, désespéré, il se donna la mort.

L'œuvre de Henry Giffard survit après lui; sans parler ici de ses inventions mécaniques qui lui assurent l'immortalité, on peut affirmer que les progrès immenses dont il a doté l'aéronautique, marqueront une ère nouvelle dans l'histoire de la navigation aérienne. Giffard a démontré que les aérostats allongés étaient stables dans l'air, et qu'ils s'animaient d'une vitesse propre sous l'action d'un propulseur mécanique; après ses essais, on n'est plus en droit de considérer la direction des aérostats comme une utopie.

Les efforts faits dans cette voie ont du reste été consacrés par la remarquable expérience exécutée par M. Dupuy de Lôme, le 2 février 1872.

Le ballon de M. Dupuy de Lôme avait 36 mètres de longueur et 15 mètres environ de diamètre à l'équateur (n° 602). Il cubait 3,500 mètres et fut gonflé par l'hydrogène pur. L'hélice de propulsion avait 6 mètres de diamètre, elle était actionnée par sept hommes de manœuvre dans la nacelle. Le moteur était assurément insuffisant, mais M. Dupuy de Lôme, sous l'influence de son hélice, n'en obtint pas moins une déviation appréciable de la ligne du vent (1).

Ces faits expérimentaux, cette déviation de la ligne du vent sous l'action du propulseur, répondent victorieusement aux objections faites par les

(1) *Note sur l'aérostat à hélice construit pour le compte de l'État* sur les plans et sous la direction de M. Dupuy de Lôme. 1 vol. in-4° avec planches. Paris, Gauthier-Villars, 1872.

savants, de moins en moins nombreux, il faut le reconnaître, qui nient la possibilité de faire progresser un aérostat contre un courant aérien. On a dit que le ballon dans l'air n'avait pas de point d'appui, mais cela est absolument inexact ; l'aérostat immergé dans l'air, peut être comparé à un bateau sous-marin entièrement immergé dans l'eau ; il n'y a qu'une différence dans la densité des milieux, l'hélice de l'aérostat allongé trouve son point d'appui dans l'air, exactement comme celle du bateau sous-marin le trouve dans l'eau.

On a dit aussi que le ballon, muni d'un propulseur et animé d'un mouvement rapide, ne serait pas assez solide pour résister au frottement de l'air. On oublie que la surface des aérostats de grand volume peut être très épaisse, très consistante et offrir autant de solidité que l'enveloppe de nos gazomètres. L'aérostat dirigeable, d'ailleurs, doit être toujours gonflé afin que son étoffe soit sans cesse tendue et qu'il ne s'y forme point de rides ou de cavités où l'air aurait prise. Mais il est facile de munir l'aérostat d'un ballonnet compensateur intérieur rempli d'air, qui assure la permanence de sa forme. On peut encore, quand le ballon se dégonfle en partie, relever la partie de son étoffe par des sangles élastiques qui assureraient la rigidité de sa surface. Dans ces conditions, pour que le ballon soit réellement dirigeable, il suffit qu'il se meuve dans un courant d'une vitesse inférieure à celle dont il est lui-même animé.

On se trouve conduit avec un aérostat d'un volume déterminé à chercher à lui donner une vitesse aussi grande que possible, et cela ne peut être obtenu en raison de la résistance de l'air, qu'avec une machine puissante. Mais comme le poids à enlever dépend d'une force ascensionnelle limitée et relativement restreinte, on doit s'efforcer d'obtenir le maximum d'effort sous un minimum de poids ; il s'agit donc d'employer des moteurs légers.

Jusqu'ici, on ne pouvait guère s'adresser qu'aux moteurs à vapeur, mais ces moteurs offrent, au point de vue de la navigation aérienne, plusieurs inconvénients très sérieux.

La machine à vapeur nécessite l'emploi d'une chaudière qui exige elle-même un foyer, c'est-à-dire du feu. On a dit avec raison que, placer une machine à vapeur sous un ballon gonflé d'hydrogène, c'était mettre le feu sous un baril de poudre. Il y a là, en effet, un danger permanent d'incendie, un péril sans cesse menaçant, dont l'esprit des aéronautes et des voyageurs ne saurait se soustraire et qui pourraient se traduire souvent par d'épouvantables catastrophes auprès desquelles les drames de la mer ne sont rien.

La machine à vapeur offre un autre inconvénient

non moins important. Elle ne fonctionne pas sous
un poids constant ; il faut, pour la faire travailler,
brûler un combustible solide ou liquide qui se con-
vertit en produits gazeux ; il faut en outre évaporer
de la vapeur d'eau. Éléments de la combustion et
vapeur d'eau se perdent dans l'air et diminuent
constamment le poids de l'aérostat. Une machine
à vapeur de petite force consomme pour le moins
15 à 18 kilogrammes de vapeur d'eau par heure, et
4 à 5 kilogrammes de charbon dans le même
espace de temps. Quand un ballon est équilibré
dans l'air, il suffit d'une perte de poids très minime
pour le faire monter ; le moteur à vapeur, en fonc-
tionnant, délesterait donc constamment l'aérostat
et tendrait à le faire monter sans cesse. Pour arrêter le mouvement d'ascension, on pourrait, il est
vrai, perdre du gaz, mais on diminuerait alors
constamment la force ascensionnelle et l'on rédui-
rait singulièrement la durée du voyage. Danger
d'incendie, perte de poids, tels sont les inconvénients de la machine à vapeur au point de vue de
la navigation aérienne. Ce sont ces inconvénients
qui ont assurément empêché M. Dupuy de Lôme
d'employer un moteur à vapeur dans son expérience de 1872, et qui l'ont décidé à recourir au
moteur animé.

M. Henry Giffard, dans son grand projet, évitait
quelques-uns de ces inconvénients de la machine à

vapeur, par divers procédés des plus remarquables et des plus ingénieux. Il se promettait de munir la machine à vapeur d'un condensateur à grande surface, et de liquéfier la vapeur d'eau dégagée de la chaudière, afin de la recueillir à nouveau et d'utiliser presque indéfiniment le même liquide. Il voulait enfin chauffer la chaudière avec le gaz hydrogène pur du ballon lui-même, dont une partie, on le sait, se perd pendant l'ascension, par le fait de l'augmentation de volume déterminée par la diminution de pression avec l'altitude. Employant l'hydrogène pur comme combustible, M. Giffard formait par la combustion, de la vapeur d'eau qu'il pouvait encore condenser et recueillir à l'état liquide. Ces conceptions, vous le voyez, étaient remarquables et, mises à exécution par l'inventeur de l'injecteur, je suis persuadé qu'elles eussent conduit à de grands résultats. Mais leur exécution nécessite un ballon de grand volume, une très grande complication du matériel, une dépense énorme, et il est peu d'hommes qui se sentiraient de taille à y réussir comme Henry Giffard eût pu le faire.

A côté des moteurs à vapeur, en est-il d'autres qui puissent être commodément utilisés dans la nacelle d'un aérostat ? Les moteurs à gaz ? Ils sont lourds et ils ne fonctionnent bien que montés sur des pilliers massifs qui résistent à leurs brusques mouvements d'oscillation. Les moteurs à air comprimé ? Ils nécessitent des réservoirs très résistants et par conséquent, ils sont très lourds ; quant aux moteurs à acide carbonique liquide et autres, on en entend parler parfois, mais où les voit-on fonctionner ? Existent-ils réellement en tant qu'appareils ayant fait leurs preuves, et pouvant pratiquement être utilisés ?

Le moteur de l'aérostat dirigeable, son moteur par excellence, nous a été donné tout récemment par cette nouvelle branche de la physique, dont les progrès prodigieux nous étonnent sans cesse : il nous est fourni par l'électricité, sous forme de machine dynamo-électrique.

Les premières études que j'ai faites à ce sujet remontent au commencement de l'année 1881, époque à laquelle, pour m'assurer la priorité de mon idée, j'ai pris un brevet sous le titre : *Application de l'électricité à la navigation aérienne*. J'expose, dans ce brevet, que j'ai le projet de reprendre les expériences de direction aérienne de mon illustre maître Henry Giffard, mais que je veux le faire à l'aide de certaines dispositions nouvelles et au moyen d'un moteur dynamo-électrique.

Dans une note présentée à l'Académie des sciences, au sujet d'expériences préliminaires exécutées en petit, j'exposais en même temps les avantages incomparables offerts par les moteurs

dynamo-électriques au point de vue de la navigation aérienne. Ces avantages sont les suivants : le
moteur électrique fonctionne sans aucun foyer, et
supprime ainsi le danger du feu sous une masse
d'hydrogène ; il offre un poids constant, et n'aban-
donne plus à l'air des produits de combustion qui
délestent sans cesse l'aérostat et tendent à le faire
monter dans l'atmosphère. Il se met en marche
avec une facilité inconnue jusqu'ici, par le simple
contact d'un commutateur (1).

J'ai fait construire d'abord un petit aérostat de
3^m 50 de longueur ayant 1^m 30 de diamètre au milieu. Cet aérostat avait un volume de 2 mètres
cubes et 200 grammes. Gonflé d'hydrogène pur, il
avait un excédent de force ascensionnelle de 2 kilogrammes (n° 604).

La nacelle de ce petit ballon était munie d'un
minuscule moteur dynamo-électrique construit
par M. Trouvé et pesant 200 grammes (n° 603).
L'arbre de cette petite machine était muni, par
l'intermédiaire d'une transmission, d'une hélice à
deux branches très légère, de 0^m40 de diamètre. Le
générateur d'électricité était formé par une ou deux
petites piles secondaires ou accumulateurs, que
mon savant ami M. Gaston Planté avait bien voulu

(1) *Comptes rendus de l'Académie des sciences.* Séance du
1er août 1881.

4.

préparer à mon intention. Le moteur et les piles avaient un poids inférieur à la force ascensionnelle du ballon et pouvaient être enlevés par celui-ci quand il était gonflé d'hydrogène. Avec deux accumulateurs en tension, la machine fonctionnait pendant 10 minutes environ, et le ballon avait dans un air calme une vitesse propre qui dépassait 2 mètres à la seconde.

A la suite de nombreuses expériences exécutées depuis cette époque, et pour lesquelles j'ai été très obligeamment aidé par plusieurs ingénieurs, notamment MM. H. Bourdon, Hospitalier, Raffard, G. Boisel, Reynier, que je suis heureux de remercier ici, j'ai aujourd'hui réalisé la construction d'un moteur, que mon frère Albert Tissandier et moi, nous avons le projet de faire fonctionner, non plus dans un atelier, mais à l'air libre, à l'aide d'un aérostat allongé, de 900 à 1,000 mètres cubes.

Ce moteur se compose de trois parties distinctes :

1° D'un propulseur à deux palettes hélicoïdes de 2^{m}85 de diamètres, construit sur les plans de M. Victor Tatin ;

2° D'une machine dynamo-électrique Siemens, nouveau type réduit à son minimum de poids ;

3° D'une batterie de piles légères au bichromate de potasse.

Le propulseur est formé de deux palettes héli-

coïdes, recouvertes de soie vernie à la gomme la-
que et maintenues à l'état de fixité par des tendeurs
en fils d'acier. La forme des palettes est telle que
le pas soit le même à la circonférence extérieur et
à la circonférence intérieure. Cette hélice, qui a
été confectionnée avec beaucoup de soin, ne pèse
que 7 kilogr. (1).

L'hélice est en quelque sorte l'âme d'un aérostat
dirigeable, aussi croyons-nous devoir reproduire
ici quelques considérations qui ont guidé M. V.
Tatin dans la construction de celle que nous em-
ployons.

Une hélice, mise en mouvement dans un fluide
(gaz ou liquide), fait éprouver à son moteur une
résistance ; c'est cette résistance qu'on utilise
comme point d'appui pour obtenir une poussée sur
son arbre dans le sens de l'axe de rotation.

Cette force est normale au plan de l'ailette en
en chaque point et est la résultante de deux forces
l'une, résistance à la rotation et l'autre, poussée
sur l'arbre ; c'est cette dernière qu'il faut utiliser
et l'autre qu'il faut, autant que possible, rendre
faible.

La machine dynamo-électrique a été construite
sur un nouveau modèle par la maison Siemens, de

____

(1) *Comptes rendus de l'Académie des sciences.* Séance du
22 janvier 1883.

Paris. On y compte trente-six faisceaux sur la bobine et quatre électro-aimants dans le circuit. La bobine est très longue par rapport au diamètre. Toutes les pièces de montage sont en acier fondu et ont été réduites à leur minimum de poids ; le mécanisme est monté sur un châssis de bois à jour. L'appareil pèse 55 kilogr.

La machine commande l'hélice par l'intermédiaire d'une transmission par engrenage, dans le rapport de $^1/_{10}$; quand la bobine fait 1,600 tours à la minute, l'hélice en fait par conséquent 160.

Cette machine, mesurée au frein, a pu fournir un travail effectif de 100 kilogr. par seconde, avec un rendement de 55 %. Le courant était alors de 45 ampères ; la différence de potentiel aux bornes, de 40 volts.

La pile au bichromate de potasse, que j'ai construite, me permet d'obtenir un débit beaucoup plus considérable qu'en employant des accumulateurs sous le même poids. Cette pile se compose de 24 éléments, montés en tension et divisés en quatre séries. Un élément se compose d'une auge parallélipipédique en caoutchouc durci, de 4 litres de capacité, contenant dix lames de zinc et onze lames de charbon de cornue, montées alternativement sur des tiges leur servant de support. La surface immergée des zincs est le tiers de celle des charbons. Le poids de chaque élément est de

7 kilogr. Cette pile, chargée d'une solution très concentrée et très acide, fonctionne d'une manière continue et constante pendant plus de deux heures et demie. Le liquide s'échauffe à mesure qu'il s'appauvrit et la durée du fonctionnement peut être prolongée par l'addition d'acide chromique.

Pour me rendre compte de l'action du propulseur, j'ai disposé l'appareil comme le représente le tableau que je vous présente (n° 605).

La batterie de pile est représentée en P (n° 606) ; un seau de cuivre plombé S renferme la solution de bichromate et communique par un tube ramifié avec les 6 éléments d'une batterie. Il suffit de lever l'un de ces seaux à l'aide d'une cordelette enroulée sur des moufles, pour faire fonctionner la batterie, et de l'abaisser pour en faire écouler le liquide. Le courant de chaque batterie passe dans la machine par l'intermédiaire d'un commutateur à godets de mercure C ; les mesures électriques sont faites à l'aide d'un ampère-mètre A, et d'un voltamètre V. La machine, pendue par des cordes, est représentée en M, l'hélice en HH' ; un peson D, fixé à une poutre rigide, est relié à l'hélice par l'intermédiaire d'un mince fil métallique et d'un émerillon E. Des dispositions sont prises pour que le centre de gravité de la machine reste toujours dans le plan vertical passant par les points de suspension, quelle que soit la poussée.

Avec 18 éléments de pile, la vitesse de rotation de l'hélice est de 120 tours, et la traction de 7 kilogr. environ ; avec les 24 éléments, on a pu obtenir un effort de 12 kilogr., avec une vitesse de rotation de l'hélice de 160 tours à la minute.

Il résulte de ces essais que notre propulseur, sous le poids total de trois hommes, est capable de fournir régulièrement, pendant une durée de trois heures consécutives, le travail de 12 à 15 hommes, c'est-à-dire 75 à 100 kilogrammètres (1).

Eh bien ! messieurs, je crois pouvoir dire que ce moteur, non seulement est des plus avantageux aux expériences de navigation aérienne, mais qu'il constitue un moteur véritablement léger. On signale souvent des machines à vapeur très légères, mais on oublie qu'il faut une chaudière pour les faire fonctionner, et l'on omet souvent aussi de parler du charbon et de l'eau qui doivent être employés, sans compter le poids nécessaire des accessoires, bâches à eau, bâches à charbon, etc. On cite le moteur à air comprimé des torpilles

(1) Nos expériences ont été exécutées dans un atelier que mon frère et moi nous avons installé à Auteuil, et qui va nous servir pour nos constructions ultérieures, notamment pour celle d'un grand appareil à gaz hydrogène dont les plans sont déjà exécutés. (Voir la note de la page 72.)

Whitehead, qui, formé d'une machine Brotherhood à trois cylindres, fait tourner une hélice à 900 tours par minute et produit de 40 à 50 chevaux, sous le poids de 16 kilogrammes ! Cela est vrai, mais la machine ne fonctionne que pendant trois minutes ; elle nécessite en outre l'emploi de 12 kilogrammes d'air comprimé à 75 atmosphères dans un réservoir de 260 litres à parois épaisses et qui est très lourd. J'ajouterai, en outre, que les moteurs dynamo-électriques se perfectionnent sans cesse et qu'ils deviennent de jour en jour plus légers. MM. Ayrton et Perry ont construit à Londres une machine dynamo-électrique de 18 kilogr. qui a fourni un travail de 37 kilogrammètres.

Nous nous occupons actuellement, mon frère et moi, de la construction de notre aérostat allongé qui aura 27 mètres de longueur et 9 mètres de diamètre au milieu et qui, nous l'espérons, sera prêt à fonctionner à la fin de cette année.

Cet aérostat aura un volume de 950 mètres cubes et sa surface sera de 523 mètres carrés. Gonflé d'hydrogène pur, il aura une force ascensionnelle de 1,143 kilogr. environ. Le matériel aérostatique complet ne pèsera pas plus de 500 kilogr. ; il restera donc disponible un poids de 643 kilogr. pour le moteur, le générateur électrique, les voyageurs et le lest. Un tel aérostat, sous l'action de son moteur de 100 kilogrammètres, aura une vitesse propre de 4 mètres à la seconde dans un air calme, soit environ 14 kilomètres à l'heure. Toutes les fois que le temps sera calme, toutes les fois que l'air se déplacera avec une vitesse inférieure à 14 kilomètres à l'heure, cet aérostat pourra se diriger dans tous les sens et revenir à son point de départ (1).

On répondra à cela que la direction obtenue seulement par des temps très calmes, n'est qu'une solution très incomplète de la navigation aérienne. Cela est vrai, mais une fois l'expérience faite par temps calme, on pourra la recommencer en construisant un aérostat plus volumineux qui aura une vitesse propre plus considérable et qui sera capable de vaincre des courants aériens un peu plus forts. Il va sans dire que, pendant les tempêtes et les ouragans, il ne faudra jamais songer à naviguer dans l'atmosphère.

Je vais vous faire comprendre par des chiffres l'avantage incontestable des grands aérostats. Comparons, par exemple, deux aérostats allongés, l'un de 1,000 mètres cubes, et l'autre trois fois plus volumineux, de 3,000 mètres (environ), ayant

(1) Depuis l'époque de cette conférence, la première expérience de l'aérostat électrique a été réalisée le 8 octobre 1883. Le ballon allongé a pu tenir tête au courant aérien de faible vitesse, et se dévier très sensiblement de la ligne du vent, ayant une vitesse propre un peu inférieure à celle qu'avait fait prévoir le calcul, de 3 mètres à la seconde.

tous deux la même forme, longueur triple du diamètre :

	Aérostat allongé de 953 m. cubes	Aérostat allongé de 3,069 m. cubes
Longueur de pointe en pointe.	27^m	40^m
Surface.	523^{m2}	$1,118^{m2}$
Cube total.	953^{m3}	$3,069^{m3}$
Poids total du matériel fixe (Ballon vernis, filet, nacelle, brancards, cordages, engins d'arrêt, etc). . .	500^{kil}	$1,100^{kil}$
Force ascensionnelle totale avec l'hydrogène pur.	1,143	3,682
Force ascensionnelle disponible pour moteur, voyageurs et lest. . .	643	2,582
Trois voyageurs. . . .	2,0	2.0
Lest pour faire route. .	80	218
Reste pour le poids du moteur	353	2,132
Force du moteur avec générateur fonctionnant 3 heures. . . .	1 1/3 chev.	10 chev.
Vitesse propre par seconde.	4^m	7^m
Vitesse en kilomètres à l'heure (en nombres ronds).	15^{kilom}	25^{kilom}

Vous voyez, messieurs, qu'un aérostat trois fois plus volumineux qu'un autre a une surface deux fois plus grande seulement que le premier ; sa force ascensionnelle disponible est quatre fois plus grande, et la machine qu'il pourrait enlever aurait une force dix fois plus considérable ; au lieu d'avoir une vitesse de 15 kilomètres à l'heure, il en aurait une de 25 kilomètres à l'heure.

Je ne vous parle encore ici que d'un aérostat de 3,000 mètres cubes, c'est-à-dire de dimension très modeste. Que serait-ce si l'on confectionnait des ballons de 30,000, 50,000, 100,000 mètres cubes ! On arriverait à atteindre la vitesse de nos trains express et à dominer presque tous les vents.

Sans aller si loin dans ces constructions gigantesques, on me dira peut-être : « Pourquoi construisez-vous un petit aérostat de 1,000 mètres, quand un ballon de 3,000 mètres vous donnerait des résultats plus avantageux. » A cela nous répondrons : « Si la surface d'un aérostat ne croît pas avec son volume, il est une chose qui croît avec elle, c'est la dépense », et l'ambition des navigateurs aériens doit se mesurer à leur bourse. Quoi qu'il en soit, si nos conjectures se réalisent, si nous réussissons à nous diriger dans l'atmosphère d'abord par temps calme, d'autres plus tard viendront pour dépasser les résultats acquis ; mon frère et moi nous nous féliciterons d'avoir apporté notre pierre, si petite qu'elle soit, à l'édifice que les Montgolfier, les Charles et les Pilâtre ont commencé à construire il y a un siècle.

Un jour viendra où l'on voyagera dans l'atmosphère comme on voyage sur les océans, la terre n'aura plus de mystères, et les régions inconnues des pôles seront alors conquises par la voie des airs.

Peut-être un jour viendra-t-il aussi où des moteurs tout à fait légers, et dont nous n'avons pas conception aujourd'hui, nous permettront de réaliser, par la confection d'hélicoptères ou d'aéroplanes, le beau rêve des aviateurs. Sans nous étendre sur cette question, qui nous entraînerait en dehors de notre sujet purement aérostatique, nous nous bornerons à dire que, dans le présent, il n'est aucun moteur qui soit assez léger pour être enlevé par l'hélice qu'il mettrait en rotation. Nous ne disons pas qu'on n'en trouvera pas plus tard, mais nous croyons pouvoir affirmer, et l'expérience le prouve qu'il n'y en a pas aujourd'hui. Je vous disais tout à l'heure que l'hélice que j'employais, avec une rotation de 160 tours à la minute, opérait sur un peson une traction de 12 kilogrammes. Cette hélice, disposée horizontalement, dans des conditions favorables, aurait donc une force ascensionnelle de 12 kilogrammes ; elle pèse 7 kilogrammes, mais le moteur qui la fait agir en pèse 45 et son générateur 168. Pour enlever cette hélice dans l'atmosphère, il faudrait un moteur cent fois plus léger que celui dont nous faisons usage !

On a bien enlevé parfois des petits modèles d'hélicoptères, on a bien aussi fait voler des oiseaux mécaniques minuscules, qui se soutenaient par le battement de leurs ailes ; mais ces mécanismes ne fonctionnent que pendant quelques secondes seulement, sous l'influence de ressorts de caoutchouc qui accumulent une force relativement considérable, mais qu'ils dépensent pendant un temps très court.

Quant aux aéroplanes formés de plans inclinés, animés d'un mouvement rapide sous l'action de propulseurs, ils peuvent s'élever dans l'atmosphère, et M. Victor Talin a très habilement réussi des expériences faites en petit. J'admets que l'on puisse être lancé dans l'espace, attaché à un vaste aéroplane, mais une fois en l'air, comment revenir à terre ?

Malgré les difficultés du *plus lourd que l'air*, nous nous garderons toutefois de prononcer à ce sujet le mot d'*impossible*, qu'on a si souvent fait entendre à l'égard de la direction des aérostats. Ce mot-là, les découvertes de notre siècle nous prouvent qu'il faut le rayer du dictionnaire de la science.

Si le grand problème de la direction des aérostats n'a pas été résolu par nos ancêtres, c'est qu'ils n'avaient pas entre les mains les éléments de sa solution. Au début de la navigation aérienne, les moteurs mécaniques que l'on emploie aujourd'hui n'existaient pas, l'hélice, que l'on peut appeler le propulseur par excellence, était inconnue : rien ne permettait d'engager la lutte contre les courants aériens avec quelque chance de succès.

Il n'en est plus de même aujourd'hui. Toutes les sciences sont solidaires et les conquêtes de l'une font souvent la fortune de l'autre : c'est ainsi que les progrès de l'électricité fournissent à l'aéronautique des armes nouvelles, dont il ne reste plus qu'à se bien servir.

CATALOGUE

DES TABLEAUX DE PROJECTION

Relatifs aux Aérostats

———

Chaque vue en noir. . . . . 1 fr. **50**
    —   en couleur . . . . **4, 6, 8** fr.
   (Suivant le sujet et la finesse de la peinture.)

———

I. — HISTOIRE DES BALLONS (1).

1. — Machine volante de Gusman. (D'après une estampe du temps.)
2. — Premier voyage aérien de Pilâtre de Rozier et
du marquis d'Arlandes, dans un ballon à air
chaud (21 novembre 1783).
3. — Gonflement du premier ballon à gaz hydrogène
du physicien Charles, lancé au Champ-de-
Mars, le 27 août 1783.
4. — Ascension de Charles et Robert, dans le premier ballon à gaz hydrogène. Départ du
jardin des Tuileries, 1er décembre 1783.
5. — Ascension de Charles et Robert, du 1er dé-

(1) Tableaux reproduits d'après les gravures de la collection aérostatique de l'auteur.

cembre 1783. Départ de Charles seul, après la descente dans la prairie de Nesles.

6. — Le parachute de Garnerin, expérimenté le 22 octobre 1797.

7. — Nacelle de Blanchard, dans laquelle il traversa pour la première fois le détroit du Pas de Calais, le 7 janvier 1785. (Cette nacelle est conservée au musée de Calais.)

8. — Aérostat de Blanchard, muni d'un ballon additionnel porteur d'un petit parachute, dans lequel l'aéronaute plaçait un chien ou un chat (1785).

9. — Ballon à rames, de Blanchard, expérimenté au Champ-de-Mars, à Paris, le 2 mars 1874.

10. — Aérostat *l'Académie de Dijon*, construit par Guyton de Morveau, et expérimenté le 12 juin 1784.

11. — La montgolfière de Miolan et Janinet. Cet appareil fut mis en feu avant l'ascension, 11 juillet 1784.

12. — Caricature sur Miolan et Janinet. « Les inventeurs conduits à l'Académie de Montmartre. » D'après une gravure du temps (1784).

13. — L'aérostat allongé des frères Robert, expérimenté à Saint-Cloud, le 15 juillet 1784.

14. — Le ballon à rames de Vincent Lunardi. Expérience exécutée à Londres, le 14 septembre 1784.

15. — L'aérostat *Le Comte d'Artois*, construit par Alban et Vallet, août 1785.

16. — *La Minerve*, ou le grand vaisseau volant du physicien Robertson. D'après une estampe de 1803.

17. — Appareil volant de Deghen en 1812.

18. — Caricature sur Deghen, intitulée : « Nouvelle charrue pour labourer la terre sans chevaux. » (D'après une estampe de 1812.)

19. — Le parachute renversé de Cocking, attaché au ballon de Green, le 24 juillet 1837.

20. — Catastrophe du parachute renversé. Mort de Coking précipité dans l'espace. 24 juillet 1837. (D'après une gravure du temps.)

21. — Projet de navire aérien de Petin, en 1850.

22. — Projet de Thomas Martyn, d'après une ancienne gravure, datée 1783.

23. — Caricature sur Blanchard, intitulée : *Sic reditur ab astris*.

II. — MATÉRIEL AÉROSTATIQUE

100. — Armement d'un ballon. Le cercle. La soupape de dégagement. L'ancre. Baromètre Richard. Psychromètre.

101. — Une nacelle arrimée ; voyages de MM. Tissandier frères.

102. — Départ d'un aérostat à l'usine à gaz de la Villette, à Paris.

103. — Un ballon dans l'espace.

III. — OBSERVATIONS MÉTÉOROLOGIQUES EN BALLON (1).

200. — Effet de mirage observé en ballon, par MM. Gaston Tissandier et J. Duruof, au-dessus de la

(1) Ces tableaux sont la reproduction des dessins aérostatiques et des paysages atmosphériques exécutés par M. Albert Tissandier, d'après nature pour la plupart.

mer du Nord. La mer réfléchie dans les nuages, 16 août 1868.

201. — Effet de cirque de nuages formé autour du ballon. Ascension de MM. de Fonvielle et G. Tissandier (13 septembre 1868).

202. — Aspect des nuages. Ascension de MM. A. et G. Tissandier, 13 février 1873. Nappe de nuages éclairée par le soleil.

203. — Autre aspect de nuages, observé en ballon.

204. — Effet de nuages observé à 2,500 mètres, pendant la sortie de Paris en ballon (Voyage de M. Albert Tissandier).

205. — Montagnes de nuages observées en ballon par MM. A. et G. Tissandier, 29 novembre 1875. Altitude 1770 mètres.

206. — Mer de nuages observée en ballon.

207. — Déformation de la lune par la réfraction, observée pendant le voyage de longue durée du *Zénith* (23 mars 1875, 8 heures du soir).

208. — Lever du soleil déformé par la réfraction, observé au-dessus des nuages pendant le voyage de longue durée du *Zénith* (24 mars 1875), 6 h. 10 m. du matin).

209. — Phénomène d'optique observé en ballon, par MM. Tissandier frères, le 10 février 1873. Altitude 1,350 mètres. Auréole autour de l'ombre projetée sur les nuages.

210. — Autre effet de l'auréole des aéronautes. Ascension du 10 février 1873.

211. — Paillettes de glace flottant au-dessus des nuages, observées par MM. Tissandier frères, le 29 septembre 1875. Altitude 1,500 mètres.

212. — La nacelle du *Jean Bart* dans un nuage de

glace, où le givre se forme instantanément. Altitude 1,100 mètres. Voyage de MM. Tissandier, le 16 février 1873.

213. — Courants superposés se mouvant dans deux directions opposées au-dessus et au-dessous des nuages. Voyage aérien maritime de Calais, exécuté le 16 août 1868, par MM. Gaston Tissandier et J. Duruof.

214. — Auréole aérostatique, observée par MM. Tissandier frères, le 10 février 1873. Aspect de l'atmosphère au moment où l'aérostat a percé le massif des nuages.

215. — Halo lunaire et croix lumineuse observées pendant l'ascension de longue durée de l'aérostat *le Zénith*, 23-23 mars 1875.

216. — L'aérostat *le Zénith*, traversant la Gironde à son embouchure, le 24 mars 1875 au matin.

IV. — ÉPISODES DIVERS. — DESCENTES ACCIDENTÉES. — ACCIDENTS ET CATASTROPHES

300 — Gonflement du ballon *le Neptune* sur la place d'Armes de Calais. Voyage de MM. Gaston Tissandier et J. Duruof, 16 août 1868.

301. — Carte du voyage de Calais, du 16 août 1868. Courants superposés.

302. — Descente du *Neptune* au cap Gris-Nez. Voyage de MM. Gaston Tissandier et Jules Duruof (16 août 1868).

303. — La nacelle du ballon *le Zénith*. Voyage de longue durée de MM. Tissandier frères, Crocé-Spinelli, Sivel et Jobert (23 mars 1875).

304. — Descente du ballon *le Zénith* dans les Landes, après un voyage de 23 h. 30 m. de durée. 24 mars 1875 (Dessin de M. Albert Tissandier).

305. — Descente de M. et madame Duruof au milieu de la mer du Nord. Sauvetage des aéronautes, 2 septembre 1874,

306. — Pan de mur abattu par la nacelle d'un ballon entraîné par un vent violent.

307. — Incendie d'un ballon en 1787, par des forestiers ignorants, en Angleterre.

308. — Fac-similé du carnet de bord du *Zénith*. Autographes de Crocé-Spinelli et de Sivel.

309. — Descente accidentée de MM. Tissandier frères, à Montireau (Eure), le 16 février 1873.

310. — Traînage de MM. W. de Fonvielle et Gaston Tissandier à Neuilly-Saint-Front. Le ballon entraîné à terre par l'ouragan, après la rupture de l'ancre. 7 février 1869.

311. — (111). Diagramme de l'ascension exécutée par MM. Tissandier frères, le 4 octobre 1873.

V. — AÉROSTATS CAPTIFS

400. — Ballon captif à vapeur de M. Henri Giffard, pendant l'Exposition universelle de Paris, en 1867.

401. — Batterie à gaz hydrogène du ballon captif de M. Henri Giffard à Londres, en 1868.

402. — Ballon captif à vapeur de Londres, en 1868. Le peson et la poulie d'enroulement du câble.

403. — Ballon captif à vapeur de Londres, en 1868. La nacelle arrimée à terre.

404. — Grand ballon captif de la cour des Tuileries, en 1878. Construction du filet.

405. — Gonflement du grand ballon captif à vapeur de M. Henri Giffard, en 1878.

406. — Autre aspect de l'aérostat captif de 1878, pendant le gonflement.

407. — Le treuil du grand aérostat captif à vapeur de M. Henri Giffard, en 1878.

408. — L'appareil à gaz hydrogène et les chaudières du grand aérostat captif à vapeur de M. Henri Giffard, en 1878.

409. — Le peson pour mesurer la force ascensionnelle du grand aérostat captif à vapeur de M. Henri Giffard.

410 — Vue d'ensemble de l'installation du grand ballon captif à vapeur dans la cour des Tuileries en 1878. (D'après une photographie de M. Dagron.)

411. — Vue d'ensemble des machines et des chaudières à vapeur du grand ballon captif de 1878.

412. — Le grand ballon captif à vapeur au moment de l'ascension. (D'après une photographie de M. Dagron.)

413. — Le grand ballon captif à vapeur, dans les airs à l'extrémité de son câble.

414. — Le grand ballon captif à vapeur de M. Henri Giffard, au moment de sa première ascension exécutée par MM. Tissandier frères, Eug. et Jules Godard, Camille Dartois, W. de Fonvielle, Corot, le 18 juillet 1878.

415. — La musique du grand ballon captif de la cour des Tuileries, en 1878.

416. — Détail de la nacelle du grand ballon captif à
vapeur de M. Henri Giffard. (D'après une
photographie de M. Dagron.)

417. — Vue d'ensemble des machines et du treuil du
grand ballon captif à vapeur de M. Henri
Giffard. (D'après une photographie de M. Dagron.)

418. — Étoffe du ballon captif de M. Henri Giffard.
Figure montrant la superposition des tissus de
toiles de lin, *a, a,* de caoutchoucs naturels et
vulcanisés, *b, b, b,* de mousseline intérieure,
c, et de mousseline extérieure (nansout) *c,*
recevant la couche de vernis imperméable.

VI. — LES BALLONS DU SIÈGE DE PARIS ET LA POSTE AÉRIENNE

500. — Construction des ballons-poste pendant le siège
de Paris. Ateliers de la gare d'Orléans.

501. — La nacelle d'un ballon-poste. Sacs de dépêches.
Cage des pigeons voyageurs.

502. — Intérieur d'un colombier à Paris. Installation
de M. Van Roosebecke, rue Saint-Martin.

503. — Entrée du colombier des pigeons voyageurs.

504. — Agrandissement et transcription des dépêches
photo-microscopiques envoyées à Paris par
pigeons voyageurs.

505. — Tentative de retour à Paris par ballon monté.
Voyages de MM. Tissandier frères. Le *Jean-
Bart,* après un premier essai est transporté
d'une rive de la Seine à l'autre, près de Ju-
mièges. (Dessin de M. Albert Tissandier.)

506. — Les aérostiers militaires de l'armée de la Loire,
en 1871. Transport du ballon captif de MM. Tissandier frères aux avant-postes.

507. — Carte des aérostats du siège de Paris, montrant
les lieux d'atterrissage.

508. — Cylindre à hélice destiné à être transporté par le
courant au fond de la Seine, et à faire parve-
nir des dépêches dans Paris assiégé.

VII. — EXPÉRIENCES D'AÉROSTATS DIRIGEABLES.

600. — Aérostat dirigeable à vapeur de M. Henri Giffard, expérimenté le 25 septembre 1852.

601. — Le moteur et l'hélice du premier aérostat dirigeable à vapeur de M. Henri Giffard en 1852.

602. — Le ballon dirigeable à hélice de M. Dupuy de
Lôme, expérimenté le 2 février 1872.

603. — Le moteur du premier aérostat électrique à hélice de M. Gaston Tissandier. Modèle exposé
à l'Exposition d'électricité, en 1881.

604. — Petit ballon dirigeable électrique de M. Gaston
Tissandier, construit en 1881.

605. — Propulseur aérien de l'aérostat électrique con-
truit par MM. Albert et Gaston Tissandier
et conduit dans les airs le 8 octobre 1883.
Expérimentation préliminaire du moteur et
de la batterie électrique

606. — Diagramme de l'expérience.

TABLE DES MATIÈRES

F. Aureau. — Imprimerie de Lagny.

INSTRUCTIONS PRATIQUES

SUR L'EMPLOI DES

APPAREILS DE PROJECTION

Brochure de 50 pages avec figures — Prix : 50

LES

PROJECTIONS LUMINEUSES

ET L'ENSEIGNEMENT PRIMAIRE

CONFÉRENCE

Faite le 30 Mars 1894 dans le grand amphithéâtre de la Sorbonne
aux Membres du Congrès de l'enseignement
Par M. Stanislas MEUNIER

Docteur ès-sciences
Membre de la Commission des sciences physiques appliquées
à l'instruction publique
Brochure — Prix : 50

LES GLACIERS

CONFÉRENCE DE 24 SÉANCES EN COULEURS
Brochure — Prix

PHOTOGRAPHIES ET VERRES

POUR L'ENSEIGNEMENT
Prix de 75

CATALOGUE No 6

VUES DE DIFFÉRENTS PAYS

PHOTOGRAPHIES COLORIÉES
No — Prix

CATALOGUE No 10

APPAREILS DE PROJECTION

CATALOGUE No 12

TABLEAUX SCOLAIRES DE L'INSTRUCTION

Pour les appareils de projection

ALBUM — PRIX : 50